우주자연의 순환원리

○ 증산도 상생문화총서 26

우주자연의 순환원리

발행일	2015년 5월 26일
지은이	문계석
발행처	상생출판
주소	대전시 중구 중앙로79번길 68-6
전화	070-8644-3156
팩스	0505-116-9308
홈페이지	www.sangsaengbooks.co.kr
출판등록	2005년 3월 11일(175호)

ISBN	979-11-86122-01-3
	978-89-957399-1-4 (세트)

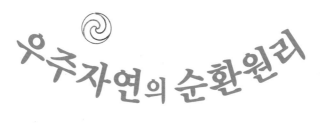

우주자연의 순환원리

문 계 석 지음

상생출판

들어가는 말

인간은 생각하는 존재이다. 돌이켜 보면 너무도 좋았던 어린 시절, 아니면 신체적으로 가장 건장하고 아름다운 모습을 간직한 청년기, 그런 호시절이 그대로 멈춰 있었다면 얼마나 행복하고 좋은 삶이 될 수 있으랴! 그러나 그러한 일은 결코 일어나지 않는다. 그 까닭은 어디에 있을까.

생태학적으로 볼 때, 사람은 태어나면 누구나 유아기를 지나 소년기를 거쳐 성년으로 자연스럽게 성장하게 되며, 그리고 성장의 정점에 이르게 되면 점점 늙고 쇠락하여 언젠가는 죽게 마련이다. 탄생–성장–쇠락–죽음으로의 과정은 생명을 갖고 태어나는 존재가 받아들여야 하는 피할 수 없는 운명의 굴레인 것이다.

이러한 단계로 진행되는 삶의 과정에서 결정적으로 중요한 것은 생명을 가진 것들이 '목적을 향해 성장해 가고 있다'는 사실이다. 고대의 철학자 아리스토텔레스의 목적론적 사고思考는 이로부터 태동되는 것이다. 우리는 생명의 성장 목적을 과연 무엇이라고 규정할 수 있을까. 이 물음과 관련하여 인간이 성장해 가는 목적을 검토해 보자.

인간의 성장 목적은 신체적인 측면과 정신적인 측면으로 구분하여 말해볼 수 있음직하다. 신체적인 측면에서의 성장은 다른 생명체의 경우와 다를 바 없이 종족 보존을 위해 기여하는 것으로 보인다. 사람은 신체적으로 성장하여야만 제2의 잠재적인 생명이라 할 수 있는 씨[種]를 남길 수 있는 조건이 충족되고, 이 조건이 충족됨으로써 자자손손子子孫孫 대를 이어 종족이 보존될 수 있게 된다는 뜻이다. 종족 보존을 위한 신체적인 성장의 목적은 식물이든 동물이든 생명체가 갖는 것들에게 공통적인 특성이다.

반면에 정신적인 측면에서의 성장은 다른 생명체의 경우에서 볼 수 없는, 현격하게 다른 면을 보여준다. 인간의 정신적인 성장은 여타의 생명체와는 달리 인간만이 간직할 수 있는 고유한 특권이 될 수 있다는 얘기다. 이는 곧 인간다운 삶을 누리는 것과 밀접히 관련이 있다. 인간다운 삶은 고유한 인격적 특성을 전제하는데, 인격적 특성은 사람이 금수禽獸와는 본질적으로 다른 까닭, 세상에서 가장 존엄한 존재가 되는 근거가 되는 것이다.

정신적인 성장의 목적은 '성숙成熟한 인간이 되는 것에 있다'고 볼 수 있다. 다시 말해서 성숙한 인간은 인격人格의 성숙을 목적으로 하고, 인격의 성숙은 곧 참 인간이 되는 것이라는 얘기다. 이런 의미에서 사람의 존재 목적은 성장하면서 인격체의 소양을 갖춤으로써 곧 참 인간이 되는 것, 즉 성숙成熟한 인간이 됨을 목적으로 한다고 정의해볼 수 있을 것이다.

그러나 오늘을 살고 있는 우리는 어떤가. 인간의 신체는 자연적으로 청년기를 거쳐 어른이 되어 늙어가지만, 대부분의 경우는 소중한 인격의 배양에 심혈을 기울이지 않는 것으로 보인다. 다시 말해서 각자 자신의 삶을 돌이켜 볼 때, 일상을 살아가는 사람들은 대부분 고귀한 인격 형성에 별 관심도 없고, 성숙한 인간이 되기 위해 분투적인 노력을 하지 않는다는 것이다. 그 까닭은 어디에 있을까.

삶의 현장에서 벌어지는 우리의 현실을 잠시 돌이켜 보자. 많은 사람들의 경우가 대변하듯이, 우리의 대부분은 각자 스스로가 만든 삶의 굴레에 얽매인 채 상황논리의 조류에 휩쓸려 일상을 살아가고 있다. 즉 우리 모두가 자신의 삶을 돌아볼 겨를도 없이 돌아가는, 너무도 복잡하고 급변하는 사회변화의 소용돌이에 몸담고 있다는 뜻이다. 그러다 보니 대부분의 경우는 어디로부터 와서 어디로 가며, 어떤 삶을 살아가고 있는지, 자신의 정체성조차 가늠해보지도 못한 채 인격적 소양을 가늠하지 못하고 살아가고 있는 실정이다.

그런 까닭에 어느 날 문득 세상살이에 지쳐있는 심신을 추스르기 위해 자신의 삶을 한번쯤 되돌아본다거나, 보다 인간적인 삶을 살고자 하여 자신의 존재의식을 일깨워보거나 한다면, 우리는 여지없이 꾸역꾸역 밀려오는 상념들을 만나기도 한다. '나는 제대로 살고 있는 것인가', '이러한 것이 내 삶의 전부이며, 이것이 내가 이 세상에 존재하는 목적이 되는 것일까', '오직 한 번뿐인 소중한 내 삶의 가치는 진정으로 무엇이란 말인가'하는 물음들이다. 이런 상념들은 결국 성숙한 인간이 되고자 하는 목적에서 스스로에게 되묻는 물음들이 아닐까.

어떻게 하면 우리는 제대로 된 인생, 성숙한 인간이 되는 삶을 살아갈 수 있을까. 그것은 금수처럼 무의무식無意無識한 상태로 사는 과정에서 조성되는 것이 아닐 것이다. 서양 인본주의 철학을 열어준 소크라테스(Socrates : 기원전 469-399)는 "반성하지 않은 삶은 인간에게 살 가치가 없다ho de anexetastos bios ou biotos anthropo."고 말했다. 이는 성숙한 인간이 되는 길이 곧 '반성적인 삶을 사는 것'으로부터 시작한다는 사실을 말해주고 있다.

'반성적인 삶'은 무엇을 의미하는가. 그것은 글자 그대로 '살아온 과정을 돌이켜 성찰하는 삶'을 뜻한다. 이는 자신의 정체성과 존재의미를 의식하게 해주는 생명의 말일 것이다. 이것이 심화되면 우리가 '참으로 좋은 삶이 무엇인가'를 깨닫게 되며, 나아가 영원한 지혜sophia를 획득할 수 있는 길을 발견하기도 한다.

영원한 지혜는 무엇을 말하는가. 그것은 서양 철학의 의미에서 말한다면 '자체로 있는 지식'이다. 그것도 절대적인 신의 지혜에서 비롯되는 신神적인 앎이라고 말할 수 있을 것이다. 신적인 앎을 획득하는 것은 곧 성숙한 인간이 되는 방편일 수 있다. 그런 사람이 되기 위해서는 지혜의 대상인 본성적인 지식을 얻어[得體], 그런 지혜와 하나 된 인간으로 변화되어야 하며[得化], 그럼으로써 신적인 인간이 될 수 있다[得明]. 동양의 선가仙家에서 말하는 용어를 차용하여 표현해 보면, 신적인 인간은 곧 '득도得道'한 사람이라고 볼 수 있다.

'득도'란 무엇을 말하는가. '도'는 무엇을 뜻하는 것이고, '득도'한 자의 삶은 어떤 것이라고 말해볼 수 있을까. '도'란 글자 그대로 해석하면 '막힘이 없이 통하는 길'이란 뜻이고, '득도'란 도를 체득하여 도와 하나가 된 상태를 말한다. 그래서 득도한 사람은 말 그대로, 자의든 타의든, 그 어떤 것에도 구애되거나 장애를 받지 않고, 의지에 따라 가장 자유롭게 삶을 구가할 수 있게 된다.

하지만 정작 '도'가 무엇을 뜻하는가에 대한 정확한 의미를 규정規定하여 밝히는 것은 실로 어려운 일이다. 왜냐하면 도는 시대에 따라서, 도를 깨우친 사람의 관점에 따라서 여러 방식으로 서로 다르게 제시될 수 있기 때문이다.

동서고금東西古今을 통해서 볼 때 도를 찾아 나선 수많은 사람들이 있었을 것이고, 그들은 또한 각기 나름대로의 도를 설파하기도 했었을 것이다. 요컨대 동양의 전통에서 보자면 도가道家는 '자연自然의 도'를, 유가儒家는 인간이 따라야할 '인륜人倫의 도'를, 불가佛家는 깨달아야할 '마음[心]의 도'를, 선가仙家에서는 '신선의 도'를 역설했다.

그러나 우리가 정작 성숙한 결실의 도를 찾아 나설 때, 유가의 도, 불가의 도, 도가의 도, 선가의 도, 나아가 각양각색의 도는 충분하지 않다는 점을 깨닫게 된다. 그 이유는 각기 지향하는 바가 부분적인 것이기 때문이다. 따라서 성숙한 결실의 도에 대한 진정한 시금석criterion으로 삼을 수 있는 것은 이들을 모두 포함하는 '전체적인 하나의 도', 즉 우주와 인간을 궁극의 존재 목적으로 이끄는 '대도大道'여야 할 것이다. '대도'야 말로 근원으로 보면 하나의 전체로서 '성숙한 결실의 도'를 지칭한다고 본다.

성숙한 결실의 도, 다시 말하면 대도란 어떤 의미를 갖는 것일까. 그것은, 문명사적인 측면에서 말해보자면, 과거에는 여러 갈래의 도가 출현하여 인간과 문명을 성장으로 이끌어 왔지만, 이제 가을의 시운時運을 맞아 성장을 목적으로 이끄는 새로운 결실문화의 도를 의미한다고 할 수 있다. 가을 개벽의 대도가 그것이다.

성숙한 가을문화를 여는 개벽의 도는 편협적인 도가 아니라, 자연과 인간과 문명을 하나의 전체로 조화調和하는 대도이다. 결국 개벽의 대도를 체득해야 만이 성숙한 인간이 될 수 있다는 애기인데, 어떻게 하면 우리는 가을 개벽의 대도를 체득할 수 있는 것일까.

하나의 방법은 영원한 지혜의 대상을 추구하는 것, 달리 말하면 앞서 언급된 '득체'로부터 시작한다고 볼 수 있겠다. '득체'는 우주자연이 창조 변화되어 가는 이치理致를 밝혀 가을개벽으로 열리는 결실의 도를 습득하는 것이다. 습득한 이치를 체화體化하는 과정은 도에 대한 '득화'이다. 그럼으로써 인간은 영원한 지혜와 하나가 되어 '득명'이 된 개벽인간, 즉 지혜롭고 성숙한 인간, 신적인 인간으로 거듭남이 되는 것이다.

이제 가을 개벽의 대도를 깨우치는 득체의 과정으로 돌아와 보자. 이 과정은 우주자연이 생성 변화해가는 이치를 밝혀 체득하는 것이다. 이 길은 두 방식으로 접근하여 볼 수 있을 것이다. 현상론phenomenalism의 측면과 본체론noumenalism의 측면이 그것이다.

전자는 경험적인 탐구방식이라 일컫는 것인데, 현상으로 드러난 사태를 직시하여 이치를 밝히는 것이고, 후자는 이성적인 추론을 통한 탐구방식이라 일컫는 것인데, 현상의 근거가 되는 본체를 직관하여 이치를 파악하는 것이다. 이와 같이 우주자연에 대한 본체적인 측면과 현상적인 측면에서의 탐구는 결국 우주변화의 신비를 밝히는 것이며, 곧 우주자연의 대도를 체득할 수 있는 지름길이 된다고 본다.

그래서 필자는 이 책에서 우주자연의 생장변화에 대한 대도의 이치를 밝히는 것을 중심과제로 삼았고, 이를 현상적인 측면과 본체적인 측면에서 접근하여 논의해 보았나. 즉 현상론적인 측면에서 필자는 생장염장生長斂藏으로 변화해가는 우주자연의 순환이치를 체계적으로 밝혀 보았고, 본체론적인 측면에서는 무극無極, 태극太極, 황극皇極이라는 삼극론三極論을 분석하여 순환 이치의 존재론적 근거를 밝혀보았다.

우주자연에 대한 현상론적인 분석이든 본체론적인 분석이든, 이는 모두 고도의 사유를 필요로 하는 형이상학적 진리이다. 그렇기 때문에 형이상학적 진리에 접해보지 못한 독자에게는 난해하기 그지없을 것이다. 그래서 필자는 독자의 이해를 돕기 위한 방편으로 적재적소에 도표를 그려 넣었다. 도표를 참조하면서 가능한 한 끝가지 꼼꼼하게 읽어본다면, 독자들은 우주자연의 창조변화를 올바르게 파악할 수 있을 것이고, 가을개벽의 대도를 체득하는 길, 즉 성숙한 인간으로 거듭나게 되는 길이 어디에 있는가를 아는 데에 많은 도움을 받을 것이라고 필자는 확신한다.

차례

Ⅰ. 우주자연의 순환循環

1. 왜 생장염장生長斂藏인가

자연이 보여주는 변화

우리가 눈을 뜨고 밖을 보면 자연의 현실 세계가 눈에 들어온다. 멀리 보이는 산천초목도 있고, 가까이에는 탐스럽게 핀 장미꽃도 있다. 멀리에 있든 가까이에 있든 이들은 모두가 일정한 영역, 한마디로 말해 특정의 공간空間을 점유하고 있다. 그것들은 항상 그대로인 것처럼 생각되기도 하지만 많은 기간이 지난 후에 다시 보게 보면 예전과는 현격하게 달라져 있음을 우리는 알게 된다. 예전에는 화려하게 꽃을 피웠던 장미가 이제는 꽃이 시들어 지는 모습이 이를 말해준다. 그것들에게 변화, 즉 시간의 흐름이 있었다는 증거이다.

비단 장미 꽃만이 그런 것은 아니다. 주변에서 관찰되는 살아 있는 생명체들은 모두가 특정의 장소를 점유하고 있고, 이런 일련의 과정으로 진행된다. 이는 우리에게 무엇을 말해주고 있는 것일까.

살아 있는 생명체의 '존재'는 공간을 전제前提하고 있고, 달라져 있음은 순간의 멈춤도 없이 변화함을 뜻하는데, '변화'는 곧 시간을 전제한다는 사실이다. 이는 자연적으로 현상現象되는 존재란 공간과 시간을 전제하기 때문에 모두 시·공간의 제약을 받는다는 뜻이다.

시·공간의 제약을 받는다는 뜻을 보다 포괄적으로 이해하기 위해서는 '우주宇宙'의 개념을 동원하여 알아보는 것이 좋을 것 같다. 왜냐하면 장미꽃을 포함하여 모든 생명체들은 우주의 범주에 들어와 있기 때문이다. 만일 시·공간을 떠나 있다면, 그것은 우주에 없는 것이고, 우주와는 전혀 무관한 것일 게다. 왜냐하면 우주 안에 있는 것은 무엇이든 간에 시·공간을 점유할 것이고, 모두 공간좌표와 시간좌표를 갖게 마련이기 때문이다.

우주란 무엇이기에 그 안에 존재하는 것이 시·공간의 좌표를 갖는다고 하는 것일까. 우주와 시·공간은 어떤 관계일까.

동양의 고전적인 정의에 따르면, '우주'란 말 자체가 시·공간을 함축한다. 다시 말하면 '우宇'란 "상하사방上下四方(東西南北)"에서 나온 개념이다. 이는 무한이 뻗어 있는 일종의 텅 빈 허공, 즉 존재를 담는 공간의 의미를 연상할 수 있을 것이다. '주宙'는 "고금왕래古今往來"에서 나온 말이다. 이는 지나간 과거에서 지금의 현재, 앞으로 오게 될 미래에로의 연속적인 흐름을 나타내는 시간의 의미를 뜻할 수 있다.

공간을 뜻하는 '우'와 시간을 뜻하는 '주'는 존재와 그 변화를 떠나서 독자적으로 실재하는 것일까. 앞서 말했듯이, 우주는 존재의 생성과 변화를 떠나서 따로 실재하는 것이 아니다. 이는 상하사방으로 무한히 뻗어 있는 절대적인 공간도, 직선상에서 무한히 흐르는 절대적인 시간도 없다는 얘기다. 그것은 존재를 전제하지 않는 '우'도, 시간을 전제하지 않는 '주'도 없다는 사실을 함축한다.

존재의 생성변화가 없는 시·공간은 의미가 없고, 시·공간이 없는 존재의 생성변화는 불가하다. 왜냐하면 우주는 존재가 유기적인 관계성 속에서 생장 변화되어가는 과정의 연속이기 때문이다. 다시 말해서 존재는 공간을 점유하고 있고, 변화는 시간의 흐름을 나타내기 때문에, 존재와 공간, 그 변화와 시간은 현실적으로 분리될 수 없다. 현대 물리학의 용어로 정의해 본다면, 존재의 생성변화를 담고 있는 우주는 한마디로 '시·공 연속체'인 셈이다.

'시·공 연속체'인 우주자연을 우리는 어떻게 인식 가능한가. 가능한 방법은 시·공의 제약 하에서 드러나는 현상을 궁구窮究하여, '우'를 뜻하는 공간의 좌표와 '주'를 뜻하는 시간의 좌표를 검토해 보는 것이다. 다시 말해서 우리가 우주자연을 탐구할 때, 수학적인 시·공간의 좌표를 상정하고, 시·공간 안에서 연속적으로 일어나는 자연 현상現像의 자취와 그 변화의 의미를 파악해 보는 것도 하나의 방법이라는 얘기다.

자연의 '일회성'과 '반복성'

여기에서 우리는 일상에서 직면하게 되는 결정적으로 중요한 물음을 제기해볼 수 있다. 그것은 우주자연의 생성 변화하는 존재가 '직선적인 과정'으로 무한히 진행되는 것인가, 아니면 원환圓環을 그리면서 연속해서 '순환적인 과정'으로 진행되는 것인가 하는 물음이다. 전자는 우주자연의 생장변화가 단 한번 뿐인 '일회성'을 함의하고 있고, 후자는 '반복성'을 함의한다.

우주자연의 '일회성'과 '반복성'은 시간이 직선적으로 흐르는가 아니면 순환적으로 흐르는가를 인식하는 데에 직접적으로 관련이 있다. 이는 매우 중요하다. 그 까닭은 전자의 입장을 택하여 사유하느냐 후자의 입장을 택하느냐에 따라서 우리가 추구하는 자연관, 문명관, 역사관, 인간관, 삶의 가치관 등이 현격하게 달라질 수 있기 때문이다.

시간의 흐름이 '직선성'인가 '순환성'인가를 결정하기 전에 이와 밀접하게 관련된 현상의 '일회성'과 '반복성'의 의미를 먼저 검토해 보자.

일상의 측면에서 말해볼 때, 우주자연은 '전체적인 관점(온)'과 '개별적인 관점(낱)'으로 나누어볼 수 있겠다. 여기에 '반복성'은 '전체적인 관점'에, '일회성'은 '개별적인 관점'에 대응하여 파악해 본다면, 우주자연의 전체는 순환적으로 반복하고 있는 것으로, 개별자는 직선적으로 변화해 가고 있는 것으로 유추해볼 수 있을 것이다.

이러한 유추를 근거로 하여 필자는 우주자연의 시간과정이 란 '직선성'과 '순환성'을 동시에 갖고 있다고 주장하는 입장이다. 즉 우주자연에서 일어나는 생장변화의 과정을 우리가 개별적인 단면을 취해서 본다면, 그것은 '일회성'을 본성으로 한다는 것이다. 이로부터 시간의 과정은 직선적이라고 말할 수 있다. 반면에 전체의 틀에서 본다면, 그것은 '반복성'을 본성으로 한다. 이로부터 우리는 시간의 과정이란 순환적이라고 말할 수 있게 된다.

자연이 보여주는 시간의 직선성과 순환성

시간좌표의 직선성과 순환성에 대한 실질적인 검증을 우리는 어떻게 제시해볼 수 있을까.

자연에서 탄생하여 존재하는 것은 무엇이든 간에 시·공간의 제약 하에서 현상으로 드러나게 마련이다. 현상으로 드러났다는 것은 바로 개별성을 함축한다. 개별적으로 현상된 것들은 일정기간 동안 존속하게 되는데, 그 과정은 개별적인 공간 좌표와 개별적인 시간 흐름의 좌표가 각기 다르게 적용되고 있음을 뜻한다. 이 말은 곧 내가 처해 있는 시·공간이 다른 사람이 처해 있는 시·공간과 다르다는 것을 의미하게 된다.

우리는 서로 다른 시·공간의 좌표를 점유하고 있는 개별적인 것들이란 일정기간 동안 현상으로 드러나 있다가 사라질 수밖에 없다는 사실을 알고 있다. 이는 개별적인 것들에 각기 적용되는 시·공간의 좌표 자체가 생겨났다가 없어지게 됨을 뜻하는 것일까. 이 의문에 대해 대부분의 사람들은 시·공간 자체가 그런 것이 아니라고 대답할 것이다. 다시 말해서 개별적인 것들이 점유한 시·공간 좌표가 현상에서 사라졌다고 해서 시·공간 자체가 없어진 것은 결코 아니라는 얘기다. 그 까닭은 개별성이 전체성을 전제하지만, 전체성이 개별성을 전제하지 않기 때문이다.

결과적으로 볼 때 현상으로 드러난 개별적인 것들은 '일회성'을 특성으로 한다. 단 하루밖에 살지 못하는 하루살이든, 1년을 사는 1년생이든, 몇 백 년을 사는 다년생多年生이든, 모두 망라하여 각기 다른 시·공간의 좌표를 가지게 되는데, 이것들의 변화과정은 현상의 출범이 되는 '시·공간의 시작'과 그 종말이 되는 '시·공간의 끝'이 적용이 된다. 이러한 의미에서 본다면 개별적인 것들에게는 직선적 시간관이 타당하다고 할 수 있을 것이다.

그러나 우주자연에 대한 전체적 관점에서는 어떤가. 자연에서 종種의 연속성을 유지하는 유기체의 경우를 보자. 그것들은 '자신을 닮은 것을 끊임없이 낳는다.[1]는 것을 본성으로 한다. 사람은 대대손손代代孫孫 사람을 낳고, 개는 개를 낳듯이 말이다. 이는 개별적인 종이 나선형처럼 연속성을 유지하면서 진행되고 있음을 함축힌다. 다시 말해서 자연적으로 탄생하여 존재하는 유기체는 무엇이든지 간에 개별적으로 일정기간 동안 성장하며, 성장의 정점에 이르면 자신을 닮은 것을 낳게 된다. '자신을 닮은 것을 반복적으로 낳음'이라는 의미에서 보자면, 이는 곧 종의 순환성을 드러내 주고 있다.

종을 보존하는 유기체의 경우에서 개별적인 종은 각기 시·공간의 좌표를 점유함과 동시에 자신을 닮은 것이 이를 계승하여

----

1) 유기체의 경우에서 순환적 과정의 연속성은 '자신과 같은 다른 것을 낳는 자연물'에서 찾아볼 수 있다. 자연은 세대에서 세대에로 이어지는 종種의 연속을 말하는데, 이는 "자연physis"이라는 개념 자체 속에 함의 되어 있다. '자연'은 어원적으로 "phyo"라는 동사에서 비롯하는데, 이는 '낳다', '산출하다'의 의미와 '본성상 그렇게 되도록 되어 있다'는 의미를 함께 갖고 있기 때문이다. 따라서 자연적인 사물들은 스스로 끊임없이 낳고 자라나지만 마구잡이의 식으로 낳고 자라나는 것이 아니라 일정한 질서에 따라 자신과 같은 다른 것을 낳고 자라난다는 뜻으로 연속성을 확보하게 되는 것이다.(Aristoteles, Physics, 2권 193b 4–18참조).

종의 연속성을 유지하고 있다. 여기에서 종의 개별성은 시간의 직선성을, 종의 계승은 시간의 순환성을 표출하고 있다. 달리 말하면 종을 보존하는 유기체 전체는 한편으로는 '일회적으로 시·공간의 좌표를 점유'하여 '시작과 끝'이라는 직선적인 과정을 유지하지만, 다른 한편으로는 성장의 정점에서 '자신을 닮은 것을 낳음'으로 말미암아 반복적인 시·공간의 좌표를 점유하기 때문에, '순환적인 과정'으로 진행된다고 말할 수 있다.

이러한 의미에서 볼 때, 우리는 우주자연의 전체적인 틀[계係] 안에서 개별적으로 전개되는 것에는 직선적인 시간관이 적용되지만, 전체적으로는 순환적인 시간관이 적용된다고 할 수 있다. 다시 말하면 미시세계에서부터 거시세계에 이르기까지 만유가 생겨나 일정기간 동안 성장하면서 존속하고, 성장의 정점에 이르게 되면 수렴의 단계로 접어들어 현상에서 사라지게 되지만, 연속해서 다음의 새로운 것이 다시 생겨나 존재하기 때문에, 우주자연 전체는 순환적 과정으로 변화의 연속성을 유지하게 되는 것이다. 이점은, 뒤에서 다시 논증하겠지만, 우주자연에서 벌어지는 시간적인 의미의 사시四時와 공간적인 의미의 사절四節에서 확연하게 제시될 것이다.

생사生死의 질서에 의한 자연의 순환

시·공간의 질서에 제약을 받는 모든 것은 각기 끊임없이 생성 변화해 가면서 역동적으로 흐른다. 여기에 만일 공간의 질서만 있고 시간의 질서가 없다면 우주자연의 운동변화란 절대적으로 일어날 수 없는 적막寂寞 그 자체일 것이다. 반면에 시간의 질서만 있고 공간의 질서가 없다면 현실적으로 그렇게 존재한다는 것은 아무도 상상할 수 없게 된다. 그렇기 때문에 우주 안에서 생성되어 힌존히는 것은 전적으로 시·공간의 제약을 받으면서 역동적으로 생동生動하는 것들이라고 말하게 되는 것이다.

우주자연을 역동적인 관점에서 보는 것은 옛날이나 지금이나 동·서양의 지성인들에게 공통적으로 받아들여진 보편적 사유였을 것이다. 우주자연의 역동적인 측면을 사유하여 체계화한 동양의 철학은 역의 교과서로 불리는 『주역周易』을 꼽을 수 있겠다. 여기에서 '역易'은 '변역變易, 불역不易, 이간離間', 이 세 가지의 뜻[2]을 내포하고 있는데, "끊임없이 생겨나는 것을 이름하여 역이라 한다[生生之謂易]."고 한 '변역'의 외미가 그것이다. 나

_____

2) 『周易』「繫辭 上」: 「易緯乾鑿度」(易緯說) 의 "易一名而含三儀, 所謂易也, 變易也, 不易也."에 의거하면, 주역에서 '역易'이란 뜻은 기본적으로 세 측면을 함의하고 있다고 본다. 시간이 들어간 생동의 측면에서 보면 역은 변역이고, 시간성이 없는 공간적인 원리의 측면에서 보면 역은 불역이다. 그래서 역의 상은 바꿀 수 없는 것이다. 반면에 인식의 측면에서 보면 역은 이간의 뜻을 함의한다. 자연에 대한 변화현상은 괘상을 통해 쉽게 파악할 수 있다는 뜻이다.

아가 우주자연이 역동적으로 변화하면서 흐르는 모습을 불변의 원리인 괘상卦象에 담아 기록해 놓은 것이 『주역』에서 제시한 바꿀 수 없는 변화 이치[不易]라 할 수 있겠다.

서양의 사유도 예외는 아니다. 일찍이 철학의 여명기로 알려진 그리스의 자연철학자들이 그 경우에 속한다. 특히 생성 변화의 철학을 전개했다고 알려진 자연철학자는 헤라클레이토스 Heracleitos(기원전 544-483)를 꼽을 수 있겠는데, 그는 "만물은 생성되고 흐르는 상태이며 고정된 것은 아무 것도 없다."[3] 라고 하였다. 이는 우주만물이 전적으로 유전流轉하는 것으로 파악한 것을 한마디로 요약한 뜻이다.

문제는 시·공 안에서 모든 것이 어떤 방식으로 생성 변화하여 순환의 과정으로 전개되어 가느냐 하는 것이다.

우리에게 주어진 현상을 직시해 보면, 경험을 통해 알 수 있는 사실이 있다. 일반적으로 '생生'은 생겨나서 현상으로 있는 것을 뜻하고, '멸滅'은 죽어서 현상에서 사라진 것을 뜻한다. 즉 자연이란 생성生成만을 무한히 도모하는 것도 아니고, 또한 소멸消滅만을 영원히 유지하는 것도 아니라는 얘기다. 만일 자연이 생성만을 도모한다면 우주는 어느 시점에 이르면 꽉 차게 되

---

3) "hoi de ta men alla panta gignesthai te phasi kai hrein, einai ge pagios ouden." (Aristoteles, On the Heavens, 3권 1장 298b 30-31)

어 더 이상의 운동 변화과정이나 혹은 탄생과정이란 없게 될 것이다. 반면에 소멸만을 유지하게 된다면 자연의 모든 것은 언젠가는 모두 소멸하여 우주에는 텅 빈 공간만이 존재하게 될 것이다. 이는 상식으로 볼 때 논리적으로 불가하다.

시·공간에 종속해 있는 우주자연은 생멸生滅의 과정을 반복적으로 따를 수밖에 없다. 이는 생멸의 수레바퀴를 벗어나 영원히 존재하는 것은 결코 있을 수 없다는 얘기다. 구체적으로 말해 보자면, 탄생은 제아무리 용빼는 재주가 있다하더라도 성장의 끝점에서 죽음이라는 종말을 거부할 수는 없다는 것이다. 이에 대하여 증산 상제는 한마디로 "생유어사生由於死하고 사유어생死由於生하니라. 삶은 죽음으로부터 말미암고 죽음은 삶으로부터 말미암느니라."(『도전』 4:117:13)고 했다. 따라서 생과 멸의 과정은 우주자연의 현상에서 일어나는 불변의 이치이다.

생사의 이치는 곧 우주자연의 순환성을 함축한다. 공간적인 의미에서 보자면, '생生'은 탄생의 의미에서 있는 것[有]에, '사死'는 사멸의 의미에서 없는 것[無]에 대응해서 이해할 수 있다. 끊임없이 진행되는 생사가 서로를 전제하듯이, '유有'와 '무無'는 서로를 전제한다. 즉 '유有'는 '무無'에서 비롯하는 것이고, '무'는 '유'에서 비롯하는 것으로 볼 수 있는 것이다. 시간적인 의미에서 보자면 '생'은 탄생, 시작始作을 의미하고, '사'는 죽음의 종말

終末을 뜻한다. 그래서 시작은 종말에서 비롯하는 것이고, 그 종말은 시작에서 비롯하는 것이라고 말할 수 있게 된다.

따라서 현상론적인 측면에서 볼 때, 우주자연의 질서에서 벌어지는 '유'를 뜻하는 '시작'과 '무'를 뜻하는 '종말'이 교체된다는 사실은 생성과 소멸의 과정이 연속을 유지하면서 순환적인 과정으로 진행되고 있음을 뜻한다. 왜냐하면 현상에서 벌어지는 생성은 소멸을 전제로 해서 전개되고, 소멸은 곧 새로운 생성을 위해 진행되기 때문이다.

생장염장生長斂藏의 순환이법

우주자연의 현상에서 벌어지는 생사의 순환과정을 좀 더 확대하여 이해해볼 수 없을까. 그 과정은 네 단계로 정의해볼 수 있겠다. 이에 대해서 증산상제는 한마디로 "나는 생장염장生長斂藏 사의四義를 쓰나니 곧 무위이화無爲以化니라. 하늘이 이치理致를 벗어나면 아무 것도 있을 수 없느니라."(『도전』2:49:1-2)고 규정하였다.

생生·장長·염斂·장藏은 생명의 생사과정을 좀 더 구체적으로 정의한 것이다. 그것은 탄생誕生하여 존재하게 되는 것은 무엇이든 간에 성장成長하게 마련이고, 성장의 극치에 이르면 그 진액津液이 수렴收斂되어 결실을 보게 되며, 그리고 다음의 탄생을 위해 폐장閉藏의 과정으로 들어감을 줄여서 말한 것이다.

생명계의 순환과정은 농부가 1년 곡식 농사를 짓는 과정에서 선명하게 밝혀진다. 농부는 봄에 씨앗을 뿌려 싹을 틔우고, 여름에 무성하게 자라도록 잘 가꾼다. 성장의 정점에 이르면 곡식은 열매를 맺기 시작하고 가을이 되면 농부는 결실하게 되고, 겨울이 되면 알곡식을 다음 해의 봄에 새로운 싹을 틔우기 위

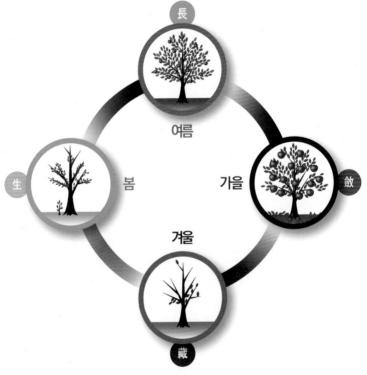

자연의 현상에서 보는 생장염장의 모습

해 저장하게 된다.

크게 4단계로 전개되는 생장염장의 순환과정은 미시微時 세계의 것들이든 거시巨示 세계의 것들이든 존재하는 모든 것들에게 엄정하게 적용되는 가장 보편적인 생성변화의 이법으로 볼수 있다. 다만 각자에게 귀속된 존속 기간이 짧은 것이냐 아니면 장구한 것이냐의 차이만이 있을 뿐이다.

자연의 경우에서 예를 찾아보자. 병원체와 같은 아무리 작은 미생물도 탄생해서 성장 분열하고, 아무런 장애가 없는 자연 상태라면, 성장의 극치에 이르러 자신과 동일한 종을 남기고 죽는다. 하루 동안 살다가 죽는 하루살이도 그 과정에 따라 진행된다. 이는 메뚜기와 같이 한 철만 사는 곤충이나, 1년 생으로 알려진 식물도 마찬가지이다. 인간이나 나무와 같이 여러 해를 사는 동식물이든, 심지어 탄생하여 수십 만 년을 존속하는 바위나 산과 같은 것들도 각기 존속기간의 차이만 있을 뿐, 전적으로 생장염장의 순환이법에 따라 진행된다는 것이다.

우주자연에서 벌어지는 생장염장의 순환과정은 물리적인 자연사의 것에만 적용되는 것이 아니다. 이는 정신사적인 측면, 문명사적인 측면 등 모두에게 적용되는 가장 보편적인 법칙이 된다. 그래서 증산상제는 생장염장의 순환이법을 하늘의 절대적인 이치요, 영원한 불변의 진리라는 의미에서 사의四義라고 천명

했던 것이다.

4단계로 진행되는 생장염장의 사의로부터 우리는 증산상제의 주재영역을 벗어날 수 있는 것이란 우주 안에 아무 것도 없다는 사실을 추론할 수 있다. 증산상제의 주재방식은 한마디로 '무위이화無爲以化'이다. 무위이화란 우주만유를 '억지로 함이 없이 섭리變理하여 조화造化한다'는 뜻이다. 그래서 우주자연은 저절로 그렇게 순환하게 되는 것이다.

2. 생장염장의 근거는 음양오행론陰陽五行論

여기에서 우리는 피할 수 없는 물음에 봉착하게 된다. 그것은 우주의 절대자 상제가 '무엇으로써' 우주자연을 생장염장으로 순환하도록 주재하는가에 대한 물음이다. 이는 우주자연이 무엇 때문에 '생장염장'의 과정으로 진행될 수밖에 없는가라는 역동론力動論적 혹은 생성론生成論적 '근거根據'에 대한 탐구와 밀접한 관련이 있다.

음양오행론陰陽五行論

우주자연에 대한 생성론적인 근거에 대한 탐구는 학문의 접근방식에 따라 여러 관점에서 달리 규명될 수 있을 것이다. 필자는 상고시대로부터 동양의 형이상학적 우주론의 중심체계를 이루고 있는 '음양의 작용론', 일명 '음양론'을 토대로 하여 생장염장의 순환 법칙을 설명해볼 것이다.

'음양론'은 언제부터인지는 명확하지 않지만 자연의 변화에 대한 사고를 체계적으로 인식하기 시작하면서부터 출범하였고, 대략적으로 말해 중국의 주周나라 이후 '오행론'으로까지 확대되어 나타난다. 이후 음양론과 오행론이 결합되어 체계화되는데, 이를 동양 역철학易哲學의 전통에서 통상 '음양오행론陰陽五行論'이라 일컫는다.

먼저 '음양'이란 무엇을 뜻하는가를 음미해 보자. 음양의 개념이 처음으로 등장하게 된 것은 자연에서 벌어지는 응달과 양달에 그 기원을 둔 것으로 알려져 있다.[4] 즉 햇빛이 비치는 쪽이 양달로 양이 되고, 반대쪽 그늘진 곳이 응달로 음이 된다. 이를 기초로 해서 음양의 개념은 이분법적인 상대적 개념으로 정립되면서, 그 속성의 의미가 확장이 되었던 것이다.

음양의 의미는 다양하게 적용이 된다. 존재의 양상樣相으로 말해본다면 음양은 완전히 '밝음과 어두움', '뜨거움과 차가움', '강함과 약함', '딱딱함과 부드러움', '숨어 있음과 드러나 있음' 등의 서로 상대적인 성질을 총칭하는 것으로 정의된다. 운동

---

4) 전창선, 어윤형 지음, 『음양이란 뭐지』, 66-74참조.

의 양상으로 본다면, 양은 안에서 밖으로 발산發散하여 퍼지는 '동적動的'인 상태를 지칭하는 것이고, 음은 밖에서 안으로 수축收縮하여 응집되는 '정적靜的'인 상태를 지칭한다. '팽창과 수축', '오르막과 내리막', '넓어짐과 좁아짐' 등도 같은 맥락에서 음양으로 구분된다. 문화의 양식으로 본다면, 양은 적극적인 측면을, 음은 소극적인 측면을 나타내게 되다. 이로부터 '남성과 여성', '임금과 신하', '스승과 제자' 등이 음양으로 구분된다. 동북아의 문화권에서는 오래 전부터 이러한 속성을 갖추고 있는 자연의 모습을 서로 대대적待對的인 관계로 구분하여 음양으로 인식하게 되었던 것이다.

음양의 개념은 논리적으로 분석된 것이지 각기 분리되어 따로 존재하는 대상을 지칭하는 것이 아니다. 그것은 동일한 대상을 기준으로 하여 단순히 대립적인 두 힘이 상대적으로 작용하는 면을 표상하여 개념화한 것이기 때문이다. 요컨대 하나의 '산'을 기준으로 하여 '양달'과 '응달'이 구분되고, '인간'을 놓고 볼 때 '남성'과 '여성'으로 구분되며, '물건'의 속성을 말할 때 '단단함'과 '부드러운' 측면을 구분하여 파악하듯이 말이다.

우주자연의 변화에 적용이 되고 있는 음양의 개념에 대해 우리가 간과하지 말아야 할 것이 있다. 그것은 우주자연의 창조변화를 말함에 있어서 음양과 '기氣'를 분리해서 말할 수 없다는 것이다. '기'의 흐름에 대한 표상이 바로 음양이기 때문이다.

'기란 무엇인가?' 기에 대해서 단적으로 정의한다는 것은 물론 난제難題이다. 필자는 다음 장에서 본질적으로 논의해보겠지만, 그것은 우주자연에 편만해 있으면서 모든 창조변화를 일으키는 가장 근원의 존재를 지칭한다. 그래서 음양의 개념은 '기'의 흐름을 표상한 음기와 양기를 전제하는 까닭이 여기에 있다.

기를 전제하지 않는 '오행론五行論'은 무의미하다. 그럼 '오행론'은 무엇을 뜻하는가. 우주자연에 편만해 있는 '기氣'가 서로 상관적인 음양으로 작용하여 창조변화가 펼쳐지는데, '기氣의 음양 작용'을 좀 더 구체적인 단계로 구분한 것이 오행론이다. 즉 오행론은 시간의 흐름에 따라 서로 밀고 당기는 음양의 작용 속에서 '기'가 다섯 가지 방식으로 움직이어 창조변화가 이루어지는 원리로 이해되는 것이다. 이를 통상 '음양오행론'이라 불린다.

따라서 '음양오행론'은 개념상 음양에 오행(다섯 가지 방식으로 움직이는 기의 흐름)을 결합한 것이다. 그 까닭은 어디에 있을까. 결정적인 이유는 양의 기운이 갑자기 음의 기운으로 돌변한다거나 음의 기운이 양의 기운으로 돌변하는 것이 아니기 때문이다. 다시 말해서 우주자연의 모든 변화는 양의 기운이 점점 커져서 극에 달하면 음의 기운이 생겨나고, 음의 기운이 커져서 극에 달하면 양의 기운이 생겨나는 과정에서 드러난 현상인 것이다.

변화무쌍한 우주자연은 모두 현상의 시작이 되는 생生과 그 끝이 되는 멸滅의 과정인데, 이는 곧 기의 음양작용이 일정한 주기를 갖고 연속해서 움직임으로써 드러난 현상에 지나지 않음을 의미한다. 음양오행론에서 본다면, 우리는 다섯 가지의 방식으로 움직이는 음양의 기운을 세심하게 통찰하게 될 때 우주자연에서 벌어지는 현상의 모든 변화과정을 인식할 수 있게 된다는 것이다. 이제 생장염장의 순환이법이 우주자연의 전체에 절대적으로 엄정하게 적용될 수 있는가를 음양오행론에 대비하여 설명해보자.

생장염장의 조화섭리와 음양오행론

오행은 바로 다섯 단계, 즉 목木, 화火, 토土, 금金, 수水의 기운으로 전개된다. 오행은 단순한 물질만을 지칭하는 것이 아니라 형形과 질質을 모두 포함한다.

'목木'은 평평한 땅을 기반으로 하여 위에 수직으로 서 있는 한 가닥 줄기와 밑으로 뻗어 있는 뿌리를 형상한 것인데, 이는 나무만을 지칭하는 것이 아니라 생명의 탄생 내지는 시작을 상징한다. 목은 뿌리에 응집된 생명의 기운을 분출하여 생명이 탄생하도록 하는 작용을 나타낸 것이다[生]. 생명의 시작은 음양

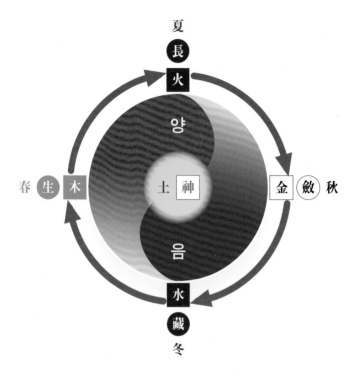

夏
長
火
春 生 木
양
土 神
金 斂 秋
음
水
藏
冬

오행으로 보는 생장염장의 순환이치

으로 보면 양의 기운이 밖으로 나아가면서 증가하고 음의 기운
이 감소하면서 안으로 들어가는 상태를 뜻하는데, 계절로 말하
면 봄에 생명이 움터 새싹이 뻗어 자라나는 현상을 나타내며,
방위로 보면 동방東方을 여기에 배치한다.

'화火'는 불이 타올라 주변으로 확산되는 모습을 형상한 것인
데, 이는 불만을 지칭하는 것이 아니라 탄생한 생명이 성장하는

모습을 상징한다. 화는 생명의 기운을 분산하여 생명이 성장하도록 작용하는 것이다[長]. 성장한 생명은 음양으로 보면 양의 기운이 밖으로 확산되어 최고조에 이르고 음의 기운이 극도로 쇠약하여 최저의 상태에 이름을 뜻하는데, 계절로 말하면 여름에 생명이 성장하여 최대로 확산된 현상을 나타내며, 방위로 보면 남방南方을 여기에 배치한다.

'금金'은 단단하게 응집하여 맺혀있는 열매를 형상한 것인데, 이는 땅 속에 묻혀있는 광석만을 지칭하는 것이 아니라 다 성장한 생명이 수렴하여 단단하게 됨을 상징한다. 금은 생명의 기운을 수렴하여 열매가 맺히도록 작용한 것이다[斂]. 생명의 열매는 음양으로 보면 양의 기운이 안으로 들어와 감소하고 음의 기운이 밖으로 나아가 증가하는 상태를 뜻하는데, 계절로 말하면 가을에 생명이 열매를 맺어 결실을 거두는 현상을 나타내며, 방위로 보면 서방西方을 여기에 배치한다.

'수水'는 생명의 결집을 가두어 저장하는 수장收藏을 형상한 것인데, 이는 흘러서 땅 속에 고이는 물만을 지칭하는 것이 아니라 생명의 열매가 갈무리되어 저장된 상태를 상징한다. 수는 일체의 생명활동을 금하고 보존하여 다음을 조용히 준비하는 작용을 하는 것이다[藏]. 수장된 생명의 열매는 음양으로 보면 속에 아주 적은 양의 기운이 갇혀있고, 겉으로는 음이 최고조에 달해 있는 상태를 뜻하는데, 계절로 말하면 겨울에 생명활동을 멈추고 보존하고 있는 현상을 나타내며, 방위로 보면 북방北方을 여기에 배치한다.

문제는 오행의 원리에서 볼 때, 무엇때문에 목→화→금→수의 순서로 순환하는가이다. 달리 말해서 만유 생명이 성장成長에서 수렴收斂으로 넘어갈 때, 극도로 분출된 양의 기운을 꺾어 내리고 안에 갇혀 있던 음의 기운을 밖으로 끌어내고, 그리고 수장收藏에서 탄생誕生으로 넘어갈 때, 극도의 음의 기운을 억압하고 속에 응집되어 갇혀있는 양의 기운을 밖으로 분출시키도록 하는 것이 무엇이냐는 것이다. 이 물음에 대한 대답은 음양의 기운을 조절하여 조화調和시킬 수 있는 주재主宰의 기운이 필연적으로 있어야 한다는 것이다. 그 주재기운을 음양오행론에서는 중성의 토土라고 한다.

'토土'는 만유의 생명을 '내고 거두는 신神의 몸체[神體] 자리'를 형상한 것인데, 이는 단순한 땅만을 지칭하는 것이 아니라, 모든 대립을 중화하여 결실을 맺도록 하는 중성中性 생명을 상징한다. 토의 중성생명은 음양으로 보면 극도로 강해진 화火 기운을 잠재워서 금金 기운으로 넘겨주는 매개 작용을 하는데, 그것은 더 이상 양의 기운이 분산되지 않도록 막아서 원래의 자리로 끌어 내리고, 반면에 극도로 약해진 음의 기운을 밖으로 끌어올려서 음양이 조화를 이루도록 조절하는 주재의 역할이다. 이것은 음양의 매개자로서 토의 중성생명이 음의 기운과 양의 기운을 함께 보유하고 있음을 뜻한다. 그래서 토는 음토陰土와 양토陽土로 구분되어 작용한다고 말할 수 있다. 오행의 원리에서 방위로 보면 토는 중앙에 위치해 있고, 만유의 생명을 내고 거두는 주재의 기운이라고 정의한다.

그럼 음양의 두 기운을 함장하고 있는 '토'는 우주자연을 생장염장으로 순환하도록 히는 주재기운이라고 말할 수 있는 것일까? 주재성으로 말하면 '토'는 '신神'의 자리이다. '신'은 중앙의 양토와 음토의 기운을 운용하여 우주자연의 창조변화가 순조롭게 순환할 수 있도록 주재한다.

음양의 주재기운으로 보면 신은 양토를 운용하여 극대로 수장되어 있는 음의 기운을 누르고[藏] 안에 갇혀 있는 양기를 끌어 올려 만유의 생명이 탄생하도록 주재한다[生]. 계절로 보자면, 겨울이 지나고 봄이 오면 새로운 생명들이 우후죽순으로 솟아나는 까닭이 이 때문이다. 나아가 신은 양토의 기운으로써 음의 기운을 더욱 더 압박하고 양의 기운을 촉진하여 만유의 생명을 성장분열의 극점[長]에까지 이끌어 간다. 계절로 보자면, 여름이 되면 만유생명이 무성하게 자라난 까닭이 이 때문이다.

그러나 여름에서 가을로 접어들면서 만유의 생명은 극적인 반전이 일어난다. 이는 생장분열의 기운이 수렴되어 열매를 맺기 때문이다[斂]. 음양으로 보면 신은 음토의 기운을 운용하여 밖으로 나아가 극대로 분열된 양의 기운을 압박하여 원래의 자리로 끌어내리고, 안에 갇혀있는 음의 기운을 끌어올려 만유의 생명이 수렴 통일로 가도록 주재한다. 계절로 보자면, 여름의 극점에서 가을로 접어들면서 만유의 생명이 열매를 맺는 까닭이 이 때문이다. 나아가 신은 음토의 기운으로써 양의 기운을 더욱 더 압박하여 안에 가두어 두고 음의 기운을 극대로 이끌어 내어 만유가 생명활동을 폐장[藏]하고 다음의 소생을 준비하도록 주재한다. 계절로 보자면, 겨울이 되면 만유의 생명은 그 활동을 멈추고 동장의 상태로 접어드는 까닭이 여기에 있다.

그러므로 우주의 주재자 상제가 "생장염장 사의"를 쓴다고 할 때, 그는 중앙 토의 자리에서 그 기운을 운용하여 현상의 만유가 자연스럽게 생장염장으로 순환하도록 주재한다. 자연적으로 진행되는 생장염장은 무위이화로 드러나는 상제의 주재이법이다. 우주의 주재자 상제의 주재이법은 계절로 보면 봄(생), 여름(장), 가을(염), 겨울(장)로 나타나는 것이다.

3. 생장염장의 순환 주기

생장염장의 사의는 우주자연의 현상을 생성론의 측면에서 분석하여 제시된 가장 보편적인 변화의 법칙, 즉 우주자연이 생성 변화되는 순환이법이다. 문제는 우주자연의 순환주기를 시간적으로 어떻게 계산해낼 수 있는가 이다. 왜냐하면 순환주기는 적용되는 대상에 따라 각기 다를 수 있기 때문이다. 즉 하루살이와 같은 미물은 순환주기가 '하루'에 불과한 것들이지만, 1년을 사는 식물이나 곤충, 수십 년을 사는 인간이나 동물 등은 순환주기가 각기 다르다.

우주자연에서 생장염장의 순환주기는 왜 다르게 나타나는 것일까. 이를 파악하기 위해서 선행되어야 할 것은 시·공간의 변화질서가 어떤 방식으로 전개되고 있는가를 제시해 보아야 한다.

시 · 공간의 변화 질서

시·공간의 변화질서란 무엇을 뜻하는 것일까. 이를 알기 위해서는 우선 우리가 시·공간 자체에 대한 확실한 규정을 내려야 하는데, 이는 상당히 복잡하고 난해한 문제이다. 그 까닭은 물리학에서 말하는 시·공간의 규정이 다르고, 심리학에서 말하는 것이 다르며, 철학에서 말하는 것이 다르기 때문이다.

복잡하고 난해한 학문적인 접근을 피하여 시·공간의 변화질서를 이해할 수 있는 방안이 있다. 그것은 우리가 살고 있는 일상의 인식 범주를 반추하여 추론해 보는 것이다.

우리는 일상적으로 시간은 1차원적으로 무한히 흐르고, 공간은 3차원적이라고 말한다. 이는 시·공간이란 시작도 끝도 없이 무한하다는 뜻을 함의한다. 즉 우리가 사유 능력을 동원하여 시·공간의 기원을 찾아 과거로 무한히 소급해 가 보아도 끝이 없을 것이고, 미래로 앞질러 가도 시·공간이란 끝이 없다. 이러한 사실은 우주의 존재로 말미암아 공간이 있고, 그 변화로 말미암아 시간의 흐름이 있음을 함축한다.

그럼에도 예나 지금이나 우리의 삶은 시간 흐름의 범주 안에서 연속적으로 흘러가며 공간 영역의 범주 안에서 존재가 현상으로 펼쳐진다고 상식적으로 알고 있다. 이는 존재와 변화가 분리될 수 없음을 의미한다. 우주만물(존재)은 공간적인 펼쳐짐extension과 시간적인 흐름을 본성으로 하여 변화의 연속성continuity을 유지하기 때문이다. 이로부터 필자는 '존재-공간-펼쳐짐', '변화-시간-흐름'이라는 전제 하에 시·공간에 따른 생장염장의 순환 이법을 논의해볼 것이다.

여기에서 간과하지 말아야할 것은 시간의 흐름과 공간 영역의 펼쳐짐이 따로 분리될 수 없다는 것이다. 그것은 공간이 독자적으로 실재하는 것이 아니라 존재의 속성이고, 시간 또한 독립적으로 실재하는 것이 아니라 변화의 속성이기 때문이다. 이는 고전 물리학에서 말하는 절대적인 시간, 절대적인 공간이란 실재하지 않음을 함의한다. 존재와 변화가 불가분적인 관계로서 연속적이듯이, 시·공간은 상호 불가분의 관계로서 연속적이다. 그래서 현대 물리학의 비조라 불리는 아인슈타인Albert Einstein(1879-1955)은 시간과 공간이 서로 분리될 수 없다는 의미에서 '시·공 연속체space-time continuum'라는 개념을 도입하게 된 것이다.

'시·공 연속체'의 질서에서 볼 때, 존재의 펼쳐짐은 변화의 흐름에 대응한다. 다시 말해서 공간적으로 펼쳐지는 우주자연의 현상은 시간 흐름의 변화마다에 상응한다는 것이다. 왜냐하면 우주만물은 모두가 공간을 점유하고 있고, 공간 좌표의 이동은 변화에 따른 시간의 흐름이기 때문이다. 요컨대 '나의 존재'는 공간의 부분을 점유하고, 변화에 따라 공간좌표가 달라지는데, 이는 곧 시간의 흐름으로 드러난다는 얘기다.

문제는 우주만물의 변화가 왜 일어나는 것이며, 그 변화 주기를 어떻게 도식화할 수 있는가 이다. 이는 시·공간의 질서가 어떻게 전개되며, 그 변화 주기를 어떤 방식으로 나타낼 수 있는가의 물음과 같다. 그것은 존재의 변화와 시·공간의 질서가 상응한다고 보기 때문이다.

12마디로 이루어진 하루의 시 · 공간 주기

먼저 일상생활에서 벌어지는 일들을 고찰하여 시·공간의 변화 질서가 현상에서 어떻게 전개되고 있는가를 살펴보자.

일반적으로 우리는 시·공간 질서의 연속성을 일정한 단위單位로 환원하여 만유의 변화 상태를 구분하게 된다. 기본 단위는 무엇을 말하는가. 그것은 하루[一日]가 기준이다. 하루는, 공간적으로 볼 때 지구가 360도 자전하여 제자리로 돌아온 상태를 일컫고, 시간적으로 볼 때 자전하는 동안 낮과 밤이 교체되는 기간을 말한다. 즉 지구의 자전을 통해 낮과 밤이 한 번 교체되는 주기를 우리는 기본적으로 하루라는 단위로 사용하고 있으며, 이를 시·공간 변화의 순환 주기로 삼고 있다는 얘기다.

낮과 밤의 교체로 인해 만유의 존재는 그 변화를 드러내게 되는데, 그것은 낮에 양의 기운이, 밤에 음의 기운이 왕성하게 작용하기 때문이다. 시간적으로 볼 때, 양의 기운이 가장 활발하게 작용하는 때는 한낮이라 불리며, 음의 기운이 가장 활발하게 작용하는 때는 밤중이라 불린다. 달리 말하면 하루의 시간 단위는 두 마디로 구성되어 있는데, 밤중의 자정子正에서 시작하여 한낮의 정오正午를 거쳐 다시 자정으로 돌아오는 시간 길이이다. 이것이 반복적으로 지속함으로써 하루하루의 순환 주기가 성립하게 되는 것이다. 이를 공간적인 측면에서 말하면, 밤중에서 양의 기운이 열려 점점 증가하면서 최고조인 한낮에 이르고, 한낮에서 음의 기운이 열려 점점 증가하면서 최고조인 밤중에 이르게 된다. 음양이 서로 한 번 나아가고 한 번 물러남, 즉 전반부는 양의 기운이 나아가고 음의 기운이 물러나는 상태이고, 후반부는 음의 기운이 나아가고 양의 기운이 물러나는 상태이다.

하루의 시·공간 마디를 더 세분화하여 말할 수 있다. 그것은 음양의 기운이 서로 교대로 열리는 시간의 과정을 크게 4단계, 밤중, 아침, 한낮, 저녁으로 나누는 것이다. 음의 기운이 가장 왕성한 시간대는 밤중이고, 음의 기운이 점차 줄어들면서 양의 기운이 주도해가는 시간대는 아침이며, 양의 기운이 가장 왕성한 시간대는 한낮이고, 양의 기운이 점차 줄어들고 음의 기운이 주도해가는 시간대는 저녁이다. 이에 따라 인간이 살아가는 하루의 일과를 보면, 밤중에는 충분한 휴식을 취하고, 새벽에 일어나 하루의 활동을 시작하게 되며, 한낮이 되어 활발한 움직임을 보이고, 저녁이 되면 하루의 일과를 마무리하여 다음을 위해 휴식으로 들어간다.

이러한 시·공간의 마디를 더 세분하여 구분해볼 수도 있을 것이다. 오늘날 동·서양에서는 하루의 시·공간을 24마디(24시간)로

음양의 교체에 따른 하루의 시·공간 변화 마디

구분하여 사용하고 있지만, 동양 문화권에서는 오래전부터 그 하루의 시·공간을 12마디로 구분하여 사용했다. 소위 12시진時辰이 그것이다. 여기에서 한 시진은 오늘날의 2시간에 해당한다. 그것은 통상 '12地支'로 알려져 있다. 열거해 보자면, 자시子時, 축시丑時, 인시寅時, 묘시卯時, 진시辰時, 사시巳時, 오시午時, 미시未時, 신시申時, 유시酉時, 술시戌時, 해시亥時가 그것이다. 이는 일상에서 전개되는 공간의 좌표이자 동시에 시간의 좌표로 볼 수 있을 것이다.[5]

음·양의 관계 변화에 따라 음의 최고조인 '자시子時'를 중심으로 '해·자·축'은 밤이 되고, '인·묘·진'은 '묘시卯時'를 중심으로 아침이 되며, '사·오·미'는 '오시午時'를 중심으로 한낮이고, '신·유·술'은 '유시酉時'를 중심으로 저녁이 된다.

하루에서 펼쳐지는 자연의 생장염장

지구에서 만유생명이 생성 변화되는 까닭은 음양 작용의 조화기운에 의한 것으로 볼 수 있다. 이는 12마디로 전개되는 시·공간 변화의 질서에 대응해서 일어난다고 볼 수 있겠는데, 이 과정은 실제로 현상세계에 그 모습을 어떻게 드러낸다고 말할 수 있을까.

송대의 철학자 소강절邵康節은 "천개어자天開於子 지벽어축地關於丑 인생어인人生於寅"[6]이라고 말했다. 즉 하늘 기운은 자子에서 열리고 땅 기운은 축丑에서 열리지만, 사람을 포함하여 천지기

---

5) 십이지지는 공간좌표이자 시간단위이다. 또 십이지지는 우리가 잘 알고 있듯이, 쥐, 소, 호랑이, 토끼, 용, 뱀, 말, 양, 원숭이, 닭, 개, 돼 등의 동물로도 상징된다."(안경전, 『생존의 비밀』, 109쪽 참조).
6) 邵康節, 『皇極經世書』, 「纂圖指要」(上), "數安得無差"(朱子 註)

운을 받은 만유의 생명은 인寅에서 그 변화의 활동을 시작한다
는 것이다.

12마디로 이루어진 하루의 시간 단위에서 양기는 자시子時에
서 태동한다. 하지만 현실적으로 발현되는 것은 인시寅時부터
다. 이는 만유의 생명활동이 인시에서 시작함을 말해준다. 즉
인간은 새벽 인시에 이르러 양기의 발현으로 잠을 깨어 하루의
삶의 활동을 시작하고, 초목 군생들 또한 인시에서 생명활동이
시작되는 것이다. 앞서 밝힌 음양오행陰陽五行의 원리에서 말해
본다면, 인시는 바로 생명력을 분출시키는 목木의 기운이 발동
하는 때라고 할 수 있다[生].

정오의 시간대에 가까워지면 사시巳時부터 분출된 양기가 왕
성하게 분열하기 시작한다. 그것은 생명력을 분열시키는 화火의
기운이 발동하기 때문이며, 그로 인해 인간의 삶의 활동은 물
론 만유의 생명활동은 오시午時에서 정점에 다다르게 된다[長].

이후 음기는 오시에서 태동하지만 현실적으로 발현되기 시작
하는 것은 신시申時부터다. 이는 만유의 생명활동이 신시에서
매듭을 짓기 시작함을 말해준다. 즉 인간은 오후 신시에 이르
러 음기의 발현으로 하루의 일과를 마무리하기 시작하고, 초목
군생들 또한 하루 동안의 생명활동을 마무리하기 시작하는 것
이다. 이것은 신시에서 생명력을 수렴시키는 금金의 기운이 발동

하루에서 벌어지는 생장염장의 순환이법

하기 때문이다[斂].

　신시에서 출범한 음기가 자정의 시간대에 가까워지면 해시亥時
에 이르러 왕성하게 활동하기 시작하는데, 그것은 수水의 기운이
발동하기 때문이다. 그로 인해 인간을 비롯하여 만유의 생명은
다음의 활동을 위해 휴식을 취하게 되는데, 자시子時에서 그 정
점을 이루게 된다[藏].

이와 같이 자연에서 활동하는 만유의 생명은 생장염장生長斂藏의 과정으로 전개된다고 볼 수 있다. 이를 12시진으로 짜여진 하루의 시간 질서에 배합해 본다면, 인묘진의 시간대에는 만유의 생명이 양 기운을 받기 시작하면서 약동하는 '생生'을, 사오미의 시간대에는 양 기운이 최고에 이르러 분열하여 성장하는 '장長'을, 신유술의 시간대에는 음 기운을 받기 시작하면서 수렴하여 통일하는 '염斂'을, 해자축의 시간대에는 음 기운이 최고에 이르러 휴식을 취하는 '장藏'을 배합할 수 있게 되는 것이다.

그러므로 하루는 12시진으로 이루어진 시·공간의 질서에 따라 진행되면서 만유의 생명은 생장염장의 이법에 따라 전개되어 순환한다고 말할 수 있을 것이다. 다시 말해서 양 기운이 자시에서 나아가지만 현실적인 우주자연의 생명활동은 실제로 인시부터 생동하는 것으로 드러나고, 사시부터 활동의 극치를 이루기 때문에 장성하는 것으로 드러난다. 미시에서 신시로의 진입은 주도권을 잡았던 양 기운이 음 기운에 밀려 음 기운이 주도권을 잡는 시간대다. 그래서 신시부터는 음이 나아가므로 자연의 생명활동은 갈무리를 하는 수렴으로 드러나게 되고, 해시에서 음 기운이 그 극치를 이루어 휴식을 취하는 폐장으로 진입하게 되는 것이다.

지구 1년의 시·공간 변화 마디

지구 1년에서 일어나는 시·공간의 변화주기는 있는가. 있다면 우리는 이를 어떻게 계산하여 알 수 있을까.

지상地上에서 활동하는 일상의 삶에서 우리가 가장 기본적으로 활용하는 시간 단위는 하루[一日]이지만, 지구에서 통용되는 기본적인 시간 단위는 통상 1년[一年]으로 잡는다. 하루는 지구가 스스로 360도 자전하여 제자리로 돌아오는 시·공간의 변화주기이고, 1년은 지구가 자전하면서 태양을 중심으로 360도 정원궤도로 공전하여 제자리로 돌아오는 변화 주기를 말한다.

지구 1년은 하루로 계산하여 말한다면 정확하게 360일이 되어야 한다. 하지만 현재 통용되고 있는 지구 1년은, 지구가 태양을 중심으로 '타원궤도'를 그리면서 공전하기 때문에, 대략 365일(정확히는 춘분점에서 다음해의 춘분점까지 365.2422일 임)로 계산한다.

하루는 지구가 360도 자전함으로써 음·양이 한 번 교체되는 시간 단위이고, 1년은 360도 자전하는 지구가 태양을 중심으로 궤도를 그리면서 360도 공전함으로써 음·양이 한 번 교체되는 주기이다. 일상에서의 하루는 작은 틀에서 본 음양의 교체이고, 지구에서의 1년은 보다 큰 틀에서 본 음·양의 교체가 된다는 얘기다. 이는 하루에서의 시·공간 변화 속도와 1년에서의 시·공간 변화 속도가 다르지만 그 변화의 틀, 즉 하루의 순환이치와 지구 1

년의 순환이치가 유비적으로 같다는 사실을 뜻한다.

하루의 순환이치와 지구 1년의 순환이치가 유비적으로 같다는 것을 우리는 어떻게 알 수 있을까. 이에 대해서 우리는 소강절의 주장을 검토해볼 필요가 있다. 그는 "동(動)하는 것은 하늘이고, 하늘에는 음양이 있으며(양은 동의 시작이고 음은 동의 최고조이다). 음양 속에 또 각각 음양이 있다."[7]라고 말한다.

'음양 속에 음양이 있다'는 뜻은 무엇을 말하는가. 그것은 지구 1년의 음·양 변화 과정에 하루가 있고, 하루에도 음·양의 변화 과정이 포함되어 있음을 뜻할 것이다. 다시 말해서 지구 1년에 음·양이 교체된다는 뜻은 지구가 타원 궤도로 공전할 때, 태양에 가장 가깝게 접근하는 근일점近日點과 가장 먼 거리로 물러나는 원일점遠日點이 형성되고, 이로부터 지구에서는 양의 최고조와 음의 최고조가 발생하게 된다. 그래서 360도 자전하여 음·양의 교체가 이루어지는 하루는 360도 공전하는 동안 음·양의 교체가 365회 반복하여 지구 1년이 되고, 지구 1년은 타원형으로 공전하기 때문에 양의 최고조와 음의 최고조가 발생하게 되는 것이다.

지구의 하루와 1년에서 펼쳐지는 음·양의 교체는 그 구조가 같다. 이는 전체로서의 1년과 부분으로서의 1일은 음·양 교체의 변화 틀이 같다는 것을 의미한다. 전체와 부분의 구조가 같음을

---

7) "動者爲天, 天有陰陽(陽者動之始 陰者動之極), 陰陽之中又各有陰陽"(邵康節,『皇極經世書』,「纂圖指要」上 ;『性理大全』8).

【 시 · 공간 변화의 상대성 】

지구를 중심으로 시·공간의 변화를 고찰해볼 때, 하루의 시간은 지구가 한 바퀴 돌면서(자전) 지구 둘레에 음·양의 교체(낮과 밤)가 한 번 이루어짐을 뜻한다. 1년이란 시간은 지구가 태양을 중심으로 한 바퀴 돌면서(공전) 지구 둘레에 음·양의 교체(낮과 밤)가 360번 이루어짐으로써 성립한다. 이는 태양에서 음·양의 교체가 한 번 이루어질 때, 지구에서는 360배가 빠른 시·공간 변화가 이루어짐을 의미할 것이다.

지구에서 살고 있는 우리가 태양의 시·공간 변화를 바라본다면 어떻게 느껴질까? 그것은 태양계의 시·공간 변화가 360배 느린 속도로 진행되는 것으로 비춰질 것이다. 반대로 태양에 살고 있는 생명체가 지구를 바라본다면 지구의 시·공간 변화는 360배 빠르게 진행되는 것으로 느껴질 것이다.

우리의 눈을 거시세계, 즉 태양계 너머에로 가져가 보자. 우리가 북극성에서 일어나는 시·공간 변화를 관찰한다면, 지구에 살고 있는 우리는 북극성에 시·공 변화가 전혀 일어나지 않는, 정지해 있는 것처럼 보인다. 반면에 우리가 북극성에서 지구를 바라본다면, 엄청난 속도로 지구의 시·공간 변화가 일어나는 것으로 보일 것이다. 나아가 북극성이 정지돼 있는 것처럼 보여도 더 큰 우주(은하계)에서 보면 북극성에도 시·공간 변화가 빠르게 일어나는 것으로 보일 것이다. 다만 지구에 살고 있는 우리는 북극성에 시·공간 변화가 일어나도 그것을 못 느낄 뿐이다.

이러한 논리를 가지고 시·공간 변화의 속도를 측정해볼 수 있다. 만일 지구에 속해 있는 물체가 하루에 100배가 빠른 속도로 음·양의 교체를 이루면서 지구 공전궤도를 따라 태양을 한 바퀴 돈다면, 그것은 태양에서보다 36000(360×100) 배의 시·공간 변화가 일어나는 것처럼 보일 것이다. 이 논리는 극미의 세계, 즉 원자의 세계에 눈을 돌려 적용해 볼 수 있다. 우리는 원자핵을 중심으로 전자가 엄청나게 빠른 속도로 돌고 있다고 배워서 알고 있는데, 만일 원자의 세계에 살고 있는 생명체가 우리가 살고 있는 지구를 본다면 어떻게 보일까? 이는 인간 세계에 아무런 변화가 전혀 없는, 즉 시·공간 변화가 일어나지 않는 것처럼 보일 것이다.

아무런 변화가 없다는 것은 시간의 흐름이 없음을 뜻한다. 시·공간은 절대적인 것이 아니고 변화에 대한 상대적인 개념일 뿐이다. 그것은 변화가 존재의 시간성과 공간성을 전제하기 때문이다. 다만 일상을 살아가는 우리는 지구에서 일어나는 시·공간의 굴레에 얽매여 시·공간이 절대적인 것으로 생각하고 그에 따라 살아가고 있을 뿐이다.

따라서 지구에서 바라볼 때 무한 우주는 시·공간 변화가 없는 것처럼 보일 수도 있다. 무한 우주에서 1초의 시·공 변화는 인간이 살고 있는 지구에서는 145억년이라는 긴 세월의 변화일 수 있다. 이는 1초의 시간이 찰나刹那가 될 수도 있고, 영겁永劫의 시간이 될 수도 있음을 말해준다. 우리가 바라보는 관점을 어디에 두느냐에 따라 시·공간의 변화가 달라진다. 그렇기 때문에 무한 우주와 티끌의 세계를 고요히 명상하게 된다면, 우리는 영겁과 찰나를 동시에 직감할 수 있게 된다고 할 수 있다.

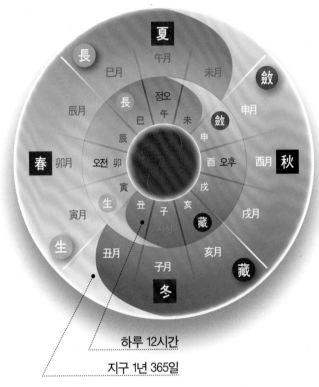

夏

長   午月

巳月   未月   斂

辰月   長   정오   申月

巳   午   斂

辰   未   申

春 卯月   오전 卯   酉 오후   酉月 秋

寅   사성   戌

生   丑 子 亥   戌月

寅月   藏

丑月   亥月

生   子月   藏

冬

하루 12시간

지구 1년 365일

지구에서 펼쳐지는 하루(一日)와 1년의 상사성

보다 쉽게 이해하기 위해서는 만델브로Mandelbrot(1924-2010)라는 수학자에 의해 창안된 '프랙탈fractal' 이론, 즉 "부분과 전체의 상사성"[8]을 참조하는 것이 좋을 것이다.

이제 하루에서 벌어지는 음양 교체의 구성 틀을 근거로 해서

---

8) 이정우, 『접힘과 펼쳐짐』, 143쪽 참조.

지구 1년에서 전개되는 음·양 교체의 구성틀을 시간 단위로 표현해 보자. 앞서 밝혔듯이, 하루의 시간 단위는 12마디로 세분하면 12시진으로 구성되어 있다. 이와 꼭 같이 지구 1년의 시간단위 또한 12마디로 세분하여 12달로 계산할 수 있다. 이를 소강절이 제시한 논리를 따라서 표현해 보자.[9]

지구가 한 번 자전하는 것은 하루(1日)이고, 이것이 태양을 중심으로 360도 공전하게 되면, 360일日이 소요된다. 이를 12마디로 세분하면 지구 1년에서 1마디는 30일日에 해당한다. 다시 말해서 지구 1년의 시간 단위를 12마디로 세분하면, 1마디의 시간 단위를 일日로 계산하여 30일日이 소요된다(360도÷12=30일)는 얘기다. 지구 1년의 12마디는 지상에서 하루를 구성하는 12시진과는 달리 1년을 구성하는 12달[月]로 표현하게 된 것이다.

그래서 하루를 12시진, 즉 '자子, 축丑, 인寅, 묘卯, 진辰, 사巳, 오午, 미未, 신申, 유酉, 술戌, 해亥'의 시간마디로 구성되어 있음을 토대로, 우리는 지구 1년을 12개월, 즉 자월子月, 축월丑月, 인월寅月, 묘월卯月, 진월辰月, 사월巳月, 오월午月, 미월未月, 신월申月, 유월酉月, 무월戌月, 해월亥月로 구성되어 있음을 말하게 되는 것이다. 그러므로 지구 1년은 월月의 수로 말하면 12개월이고, 하루[日]로 환산하면 360일이며, 시간으로 말하면 4320시진時辰이 된다.

---

9) 邵康節,『皇極經世書』,「纂圖指要」上 :『性理大全』8 참조.

지구 1년에서 펼쳐지는 생장염장

음·양의 교체는 하루의 시간대에서와 같은 방식으로 지구 1년의 시간대에도 꼭 같이 적용이 된다. 지구 1년은 12개월(360일)로 이루어져 있다. 12개월 중에서 전반기는 자子월부터 양의 기운이 태동하여 뻗어 나가기 시작하면 사巳월에서 그 절정을 이루게 되며, 후반기는 오午월에서 음의 기운이 태동하여 뻗어 나가기 시작하면 해亥월에서 절정을 이루게 된다. 지상의 하루를 음·양의 기운이 서로 나아가고 들어옴에 따라 자정, 아침, 정오, 저녁 시간으로 나눌 수 있듯이, 지구 1년의 시간 단위 또한 음·양의 기운이 서로 갈아 들어가면서 춘하추동春夏秋冬이라는 사계절四季節을 만들어 내는 것이다.

지구 1년에서 음·양의 교체는 4계절을 어떻게 창출해 내는가. 이는 우리가 현실적으로 직접 체험하는 세월歲月의 흐름에서 확인할 수 있다. 즉 시간의 흐름에 따라 구분되는 사시四時와 공간적으로 펼쳐지는 사절기의 변화현상에서 뚜렷이 확인할 수 있다는 뜻이다. 이와 관련하여 소강절은 "자라나는 것은 양陽이 나아가고 음陰은 물러나는 것이고, 줄어드는 것은 음이 나아가는 것이므로 양이 물러난다. 만물이 열리는 것은 월月의 인寅이고 … 만물이 닫히는 것은 월月의 술戌이다."[10]고 했다.

---

10) "自子至巳作息自午至亥作消作息則陽進而陰退. 作消則陰進而陽退開物於

음의 기운이 가장 왕성한 시기는 겨울[冬]로 해자축亥子丑의 달이며, 축월에 절정을 이룬다. 하지만 양의 기운이 자월에서 태동하여 자라나면서 음의 기운이 점차 줄어들게 되는데, 양의 기운이 발현하여 주도해가는 시기는 봄[春]이다. 봄은 인묘진寅卯辰의 달로 생生에 배합되며, 양의 기운이 가장 왕성한 시기는 여름[夏]으로 사오미巳午未의 달로 장長에 배합된다. 이후 음의 기운이 태동하여 자라나면서 양의 기운이 점차 줄어들게 되는데, 음의 기운이 발현하여 주도해가는 시기는 가을[秋]이다. 가을은 신유술申酉戌의 달로 염斂에 배합되며, 음의 기운이 가장 왕성한 시기는 해자축의 겨울로 장藏에 배합되는 것이다. 따라서 지구 1년은 생의 봄에, 장의 여름, 염의 가을, 장의 겨울로 순환하게 된다.

지구 1년에서 생장염장의 순환이치는 초목의 변화에서 명백히 관찰된다. 양의 기운은 자월에서 태동胎動하지만 인월寅月로 시작하는 봄철에 이르러 현실적으로 발현發現하게 된다. 이로 인해 초목은 파릇파릇한 생명으로 소생[生]하게 되는 것이다. 사월巳月로 시작하는 여름철에 이르게 되면 초목은 가지와 이파리가 나와 하늘을 덮을 만큼 무성하게 성장[長]하여 생장의 극점에 이른다. 그런 다음 음의 기운이 오월午月에서 태동하지만 신월申月로 시작하는 가을철이 접어들면서 현실적으로 발현하게 된다. 이로

月之寅…閉物於月之戌"(邵康節, 『皇極經世書』, 「纂圖指要」上 : 『性理大全』 8).

인해 초목은 성장을 멈추고 수렴통일[斂]하여 결실을 맺고 그 잎들이 가을의 서릿발에 낙엽이 되어 버린다. 그리고 해월亥月에서부터 시작하는 겨울철에 이르게 되면 초목의 생명은 폐장으로 들어가 휴식하면서[藏] 다음 해의 탄생을 준비하게 되는 것이다.

생장염장의 사의는 만유의 생명이 창조 변화의 과정으로 나타나도록 하는 절대적인 이법이다. 그것은 앞서 말했듯이 우주의 절대자 상제님이 무위이화로 주재하는 법도이기 때문이다. 이에 대해서 수운水雲은 "무릇 상고 이래로 지금까지 봄과 가을이 서로 갈마들어 교대로 이어지고, 4계절의 융성과 쇠락에 옮김도 없고 바뀜도 없으니, 이 또한 천주조화의 자취요 천하에 뚜렷이 나타나 있다."[11]고 지적한다. 여기에서 "상고이래上古以來"란 아주 먼 옛날부터 지금까지를 일컬으며, "춘추질대春秋迭代"란 시간의 마디로 나타나는 봄, 여름, 가을, 겨울의 사시四時가 이어지면서 사절기가 서로 갈마들어 질서 정연하게 교체되어 나타나게 됨을 뜻한다. 사시와 사절기가 예나 지금이나 일정한 질서를 가지고 서로 바뀌면서 반복적으로 순환하고 있음은 바로 천주의 조화 자취라는 얘기다.

춘생春生, 하장夏長, 추렴秋斂, 동장冬藏의 순서, 간략히 말하여 만유의 생명이 생장염장生長斂藏으로 순환하는 자연의 변화질서

---

11) "盖自上古以來, 春秋迭代, 四時盛衰, 不遷不易, 亦是, 天主造化之迹, 照然于天下也."(崔濟愚, 『東經大全』「布德文」).

는 절대적으로 엄정하다. 그래서 수운은 "봄이 가면 이내 여름이 오고 여름이 가면 이내 가을이 온다는 네 계절의 변화와 절기에 따라 바람이 불고 이슬이 내리고 서리가 내리며 눈이 온다는 사실은 그 질서가 변함이 없다"[12]고 한 것이다. 이와 같이 지상에서는 사시와 사계절이 끊임없이 반복적으로 이어지기 때문에 더위와 추위가 번갈아 나타나게 되었고, 이로부터 인간과 만물이 살 수 있는 기후와 토양의 환경이 조성됨으로써 만유의 생명은 생장염장의 순환이법에 따라 무성하게 번창하여 오늘에 이른 것이다.

우주1년의 시간단위는 원회운세元會運世

하루라는 일상에서 벌어지는 생장염장의 순환 이법과 지구 1년에서 전개되는 생장염장의 순환이법은 유비적으로 같다. 프랙탈 이론은 음양의 교체가 이루어지는 하루의 시간주기와 지구 1년의 시간주기가 같은 유형의 질서임을 보여주기 때문이다. 다만 하루라는 시간 길이와 1년이라는 시간 길이가 다를 뿐이다. 이와 같이 부분과 전체는 같은 구조를 보인다는 프랙탈 이론에 근거해서 볼 때, 음·양의 교체가 이루어지는 더 긴 시간의 단위는 없는 것일까.

------

12) "四時盛衰, 風露霜雪, 不失其時, 不變其序."(崔濟愚, 『東經大全』「論學文」).

우리는 지구 1년보다 더 긴 시간의 순환주기를 상정해볼 수 있을 것이다. 우주 1년의 시간주기가 그것이다. 현실적으로 보자면, 현재 우리의 삶의 터전은 지구에 자리를 잡고 있고, 지구가 자전하면서 하루라는 시간 단위를 만들어 내고, 그것이 태양을 중심으로 공전함으로써 지구 1년의 시간 단위를 양산하게 된다. 한 걸음 더 나아가 우리는 지구가 속해 있는 태양계 또한 보다 큰 천체天體를 중심으로 하여 공전하게 됨을 추론해볼 수 있다. 여기로부터 우주 1년이라는 얘기가 나오게 되는 것이다. 분명한 것은, 지구가 태양을 중심으로 공전하고 있듯이, 천체를 중심으로 태양계 전체가 공전하여 제자리로 돌아오는 것을 우주 1년의 주기로 삼을 수 있다는 얘기다.

여기에서 천체는 무엇을 지칭하는 것일까. 동양철학의 우주론적 시각에서 보자면 천체는 우리 우주의 모든 것을 담고 있는 가장 포괄적인 뜻으로 일월성신日月星辰을 포함한다. 그 중심은 곧 천축天軸이라 이름을 붙일 수 있겠는데, 천축은 전통적으로 북극성北極星을 가리킨다. 다시 말해 지구가 자전하면서 태양을 중심으로 공전하여 제자리로 돌아오는 1주기를 지구 1년으로 삼지만, 일월성신의 1주기 순환운동은 천축을 중심으로 360도 공전하여 제자리로 돌아오는 것으로 볼 수 있고, 이로부터 곧 우주 1년이라는 시간 단위를 말할 수 있게 된다는 얘기다.

우주 1년의 시간 단위를 우리는 어떻게 규정할 수 있을까. 이를 수리로 계산해 내어 세상에 밝힌 철학자가 있다. 앞서 말한 송대의 철학자 소강절이다. 그는 우주 1년의 시간 단위를『황극경세서』에서 "원회운세元會運世"로 정의하고 있다. 이에 대해 증산상제는 "글은 이두李杜의 문장이 있고, 알음은 강절康節의 지식이 있나니 다 내 비결이니라."(『도전』2:32:1–2)고 하여 우주 1년의 시간단위에 대한 소강절의 분석을 진리로 인정한 것이다.

소강절의 원회운세는 어떻게 해서 나온 것이며, 그 시간 단위를 그는 어떻게 계산하여 설정했던 것일까.

소강절은 "원회운세"를 송대 초기에 도가계통의 도사道士였던 도남圖南 진단陳摶[13]의 도서역학圖書易學[14]으로부터 실마리를 얻었다고 볼 수 있다. 도서역학은 상수역학의 근본 토대가 되는「하도河圖」와「낙서洛書」를 일컫는다. 진단은 도서역학에 상당한 관심을 갖고 연구에 몰두하였으며, 연구한 도서역학을 고문에

---

13) 진단은 자가 도남圖南이고 스스로 자신의 호를 부요자扶搖子라고 하였으며, 송나라 태조로부터 '희이선생希夷先生'이라는 칭호를 사사받았다. 진단은 도가에서 수련할 때 쓰는 그림을 얻었는데, 그것은 상수역학象數易學의 근본 토대가 되는 하도河圖와 낙서洛書이다.

14) 도서역학의 '도圖'는 복희씨伏羲氏가 하늘의 뜻을 받들어 왕을 할 적에 용마가 황하에서 등에 무늬를 짊어지고 나온 것을 본받아 글자가 없어서 상象과 수數로 그려낸 '하도河圖'를 가리킨다. 그는 이를 토대로 팔괘八卦를 그렸다. '서書'는 하夏나라 우왕이 홍수를 다스릴 적에 등에 무늬가 있는 신귀神龜가 나왔는데, 등에 나열되어 있는 수를 차례로 배열한 것에서 유래한 '낙서洛書'를 가리킨다.(朱子,『周易』「易本義圖」참조).

밝았던 박장伯長 목수穆修에게 전했고, 목수는 정지挺之 이지재 李之才에게 전함으로써 이지재는 도서상수 변화에 능통하게 됐 다. 이후 이지재는 상수학에 밝은 소강절에게 전함으로써[15] 소 강절은 도서역학을 토대로 천지변화의 운상運象을 체계적으로 밝히게 됐던 것이다.

그는 먼저 동양의 도서역학의 핵심논의가 되는 형이상학적인 진리, 즉 태극太極으로부터 사상四象을 이끌어 낸다. 사상은 태극 이 한 번 움직이고[양陽] 한 번 정지하는[음陰] 상태를 4단계로 구 분하여 태양太陽, 태음太陰, 소양少陽, 소음少陰으로 나뉜 것이다. 그는 음양의 작용으로부터 도출한 사상을 일월성신日月星辰에 배 합시켜 '하늘의 사상四象'을 이끌어 낸다. 즉 "동動하는 것은 하늘 이고 하늘에는 음양이 있다(양은 동의 시작이고 음은 동의 최고조이다). 음양 속에 또 각각 음양이 있다. 그러므로 태양·태음·소양·소 음이 있다. 태양은 일日이 되고 태음은 월月이 되며, 소양은 성星이 되고 소음은 신辰이 된다. 이것이 하늘의 사상이다."[16]

하늘의 사상을 이끌어 낸 소강절은 우주가 운동 변화하는 1 년의 시간대를 계산하여 원회운세元會運世로 말하게 된 것이다.

---

15) 成百曉 譯註, 『周易傳義』上, 58쪽 참조.

16) "動者爲天, 天有陰陽(陽者動之始 陰者動之極), 陰陽之中又各有陰陽, 故 有太陽, 太陰, 少陽, 少陰, 太陽爲日, 太陰爲月, 少陽爲星, 少陰爲辰, 是爲天之 四象."(邵康節, 『皇極經世書』, 「纂圖指要」上 ; 『性理大全』8).

하늘의 사상四象	태양 太陽	태음 太陰	소양 少陽	소음 小陰
상징물	일日	월月	성星	신辰
하늘의 변화	서暑	한寒	주晝	야夜

하늘의 사상四象

즉 "일日로 일을 경영하면 원元의 원이 되며 그 수는 1이다. 일의 수가 1이 되는 까닭이 여기에 있다. 일로 월月을 경영하면 원의 회會가 되며 그 수는 12가 된다. 월의 수가 12가 되는 까닭이 여기에 있다. 일로 성星을 경영하면 원의 운運이 되며 그 수는 360이 된다. 성의 수가 360이 되는 까닭이 여기에 있다. 일로 신辰을 경영하면 원의 세世가 되며 그 수는 4,320이 된다. 진의 수가 4,320이 되는 까닭이 여기에 있다."[17]

소강절이 이끌어낸 우주 1년의 시간단위, 즉 원회운세元會運世론은 '전체와 부분의 상사성'을 말하는 프랙탈 이론에 근거를 둔 것으로 볼 수 있을 것이다. 가시영역에 들어오는 지구이든 가시영역을 벗어나 있는 우주이든, 음양의 교체에 따른 순환주기는 시간 길이의 단위가 다를 뿐 구성 틀에 있어서 같기 때문이다. 지구에서의 시간 길이의 단위는 세월일진歲月日辰[년월일시]이지만, 우

---

17) "又曰, 以日經日爲元之元, 其數一, 日之數一故也. 以日經月爲元之會, 其數十二, 月之數十二故也. 以日經星爲元之運, 其數三百六十, 星之數三百六十故也. 以日經辰爲元之世, 其數四千三百二十 辰之數四千三百二十故也."(邵康節,『皇極經世書』,「纂圖指要」上 ;『性理大全』8).

주에서의 시간 길이의 단위는 원회운세라는 얘기다.

우주 1년은 지구 년으로 계산하면 얼마나 되는 것일까. 음양이 한 번 교체되는 주기를 기준으로 삼을 때, 지구 1년에서 시간 길이의 단위를 연월일시年月日時로 계산할 수 있듯이, 우주 1년에서 시간 길이의 단위는 원회운세로 계산할 수 있다. 지구에서의 1년은 우주에서 1원元과 유비관계이기 때문에, 1세一世를 대략 30년으로 계산하면, 우주 1년은 129,600년이라는 기간으로 말할 수 있게 된다. 이에 대해서 소강절은 "일원一元의 수는 즉 일세一歲의 수이다. 일원에 12회會, 360운運, 4320세世가 있는 것과 같이 일세에 12월月, 360일日, 4320진이 있다."[18]고 전한다.

여기에서 그가 말하고자 하는 뜻은 12회會로 짜여진 1원이 12달로 짜여진 1년과 같은 구조를 갖고 있다는 점이다. 지구 1년을 12달, 360일, 4320시진으로 말한다면, 이에 대응하여 우주 1년은 12회, 360운, 4320세로 말할 수 있다. 즉 원은 년에, 회는 월에, 운은 일에, 세는 시와 유비관계이기 때문이다. 그래서 지구에서 30분을 한 시진으로 계산할 때, 1세世는 30년[歲]이 되기 때문에 우주 1년은 지구 년으로 말하여 129600년(4320세×30년)이 되는 것이다.

하루는 12시진으로 순환하고, 지구 1년은 12달[月]로 순환하

---

18) "一元之數, 卽一歲之數也. 一元有十二會, 三百六十運, 四千三百二十世, 猶一歲十二月, 三百六十日, 四千三百二十辰也."(邵康節,『皇極經世書』,「纂圖指要」上:『性理大全』8).

지구 1년에서 우주 1년의 유추

며, 우주 1년은 12회會(129,600년)로 순환한다. 우주도 음·양이 교체되는 1주기가 12마디[12會]로 구성되어 있기 때문이다. 지구1년에서 각 달에 12진辰을 배합하는 이치와 마찬가지로 우주1년에도 각 회會에 12진을 배합하여 각기 명칭을 붙여보면, 자회子會, 축회丑會, 인회寅會, 묘회卯會, 진회辰會, 사회巳會, 오회午會, 미회未會, 신회申會, 유회酉會, 술회戌會, 해외亥會가 그것이다. 각 회의 시간 단위는 지구 년으로 계산하여 10800년(129600년÷12회=10800)이다.

생장염장으로 순환하는 우주 1년

음·양 작용에 따른 우주 1년은 지구에서와 마찬가지로 4계절이 있을까, 있다면 어떻게 전개되는가. 지구 1년에서 전반기가 자월子月에서 시작하여 후반기인 해월亥月로 끝나듯이, 우주 1년의 전반기는 자회子會에서 양이 태동하여 나아가 사회巳會에서 절정을 이루게 되고, 후반기는 오회午會에서 음이 태동하여 나아가 해회亥會에서 절정을 이루게 된다.

우주 1년에서도 지구 1년과 마찬가지로 음의 기운이 가장 왕성한 시기는 우주의 겨울[冬]로 해자축亥子丑의 회會이고, 음의 기운이 점차 줄어들면서 양의 기운이 주도해가는 시기는 봄[春]으로 인묘진寅卯辰의 회이며, 양의 기운이 가장 왕성한 시기는 여름[夏]으로 사오미巳午未의 회이고, 이후 양의 기운이 점차 줄어들고 음의 기운이 주도해가는 시기는 가을[秋]로 신유술申酉戌의 회이다.

우주 1년에서 변화과정은 지구 1년에서와 같은 방식으로 4계절에 따라 전개된다. 다시 말해서 우주 1년에서도 음·양이 일동일정一動一靜에 따라 서로 교체되고, 이로부터 우주의 사시사철이 펼쳐진다는 얘기다. 이는 지구 1년에서와 같이 우주의 봄, 여름, 가을, 겨울로 말할 수 있음을 뜻한다. 따라서 우주의 모든 생명과정도 사시사철 생장염장의 순환이법에 따라 일성일쇠一盛一衰의 과정으로 전개되는 것이다.

우주에서 벌어지는 생장염장의 변화과정을 시간대별로 구분하여 알아보자. 이와 관련하여 소강절이 말한 "만물이 열리는 것은 월(月)의 인(寅)이고 … 만물이 닫히는 것은 월(月)의 술(戌)이다."[19]는 주장에 '월月' 대신 우주 년에서 말하는 '회會'를 대입하여 이해하는 것이 좋을 것이다.

---

19) "開物於月之寅,…閉物於月之戌."(邵康節,『皇極經世書』,「纂圖指要」上 :『性理大全』8).

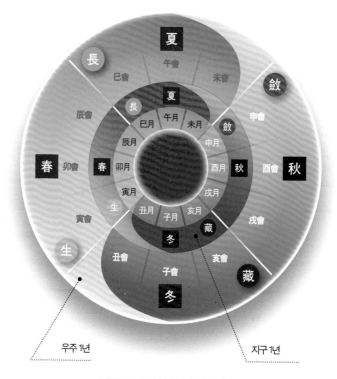

지구 1년과 우주 1년의 상사성

　우주 1년에서 만물이 열리는 탄생[生]은 인회寅會에서 시작한
다. 우주의 봄철은 인회에서 시작하여 진회辰會에 이르는 기간을
말하는데, 이때에는 우주의 양 기운이 분출하기 때문에, 인간을
비롯한 만유의 생명(동·식물)이 처음으로 탄생하여 자라난다. 만물
의 분열성장[長]은 사회巳會에서 시작한다. 우주의 여름철은 사회
에서 시작하여 미회未會에 이르는 기간을 말하는데, 이때에는 우

주의 양 기운이 극치에 이르기 때문에, 만유의 생명은 물론이고 인류의 문명 등이 극도로 분열하여 다양하고 무성하게 성장하면서 생장의 극점에 이르게 된다. 우주의 봄 여름철을 증산도에서는 선천 생장분열生長分列의 시대라고 정의한다.

우주 1년에서 만물이 결실하는 수렴[斂]은 신회申會에서 시작한다. 우주의 가을철은 신회로 시작하여 술회戌會에 이르는 기간을 말하는데, 이때에는 우주의 음 기운이 분출하기 때문에 생장의 양 기운이 꺾여버린다. 이는 생장의 기운이 점점 근원으로 돌아가게 되면서 우주자연의 생명이 전적으로 성장을 멈추고 수렴收斂하여 통일로 접어들어 각기 결실을 맺게 됨을 뜻한다. 그리고 우주의 겨울철은 해회亥會에서 시작하여 축회丑會에 이르는 기간을 말하는데, 이때에는 우주의 음 기운이 극치를 이루기 때문에, 우주자연의 생명은 폐장閉藏하여 휴식하면서[藏] 다음의 탄생을 준비한다. 증산도에서는 우주의 가을 겨울철을 후천 수렴통일收斂統一의 시대라고 정의한다.

예나 지금이나 우주자연에서 일어나는 모든 것은 시간 흐름의 질서에 따라 공간 좌표의 변화로 펼쳐진다. 이는 시간 흐름의 단위는 수數를 통해서 계산해낼 수 있고, 이를 통해 우주만물의 변화과정을 구분할 수 있다는 얘기다. 지구의 하루에서도 만유의 생명은 생장염장으로 순환하고 있고, 지구 1년에서도, 가장 거시적인 틀에서 보는 우주 1년에서도 그러하다. 심지어 매 순간 마다 일어나는 만유의 생명활동 또한 생장염장의 순환이치를 따라 돌아간다.

생장염장으로 돌아가는 시·공간 변화의 순환주기에 대해 소강절은 "원회운세의 수는 너무 커서 보이지 않으며 분리사호分釐絲毫의 수는 너무 작아서 볼 수 없다. 수를 알게 되는 것은 일월성진日月星辰으로 알게 된다. 1세世에 30세歲가 있고, 1월月에 30일日이 있으므로 세世와 일日의 수數는 30이다. 1세世에 12월月이 있고, 1일日에 12진辰이 있으므로 월月과 진辰의 수數는 12이다. 세월일시歲月日時의 수로 추측하여 올라가면 원회운세의 수를 얻을 수 있다. 또 추측하여 내려가면 분리사호의 수도 얻을 수 있다."[20]고 말한다.

우주의 선·후천 개벽의 시간 주기

지구 1년에서 음양의 교체가 지구 1년의 변화를 가져오듯이, 마찬가지로 우주 1년에서 음양의 교체 또한 우주 전체의 대변화를 가져온다. 지구 1년에서 음양의 교체와는 달리 우주 1년

---

20) "元會運世之數 大而不可見, 分釐絲毫之數 小而不可察, 所可得而數者 卽日月星辰而知之也. 一世有三十歲, 一月有三十日, 故歲與日之數三十. 一歲有十二月, 一日有十二辰, 故月與辰之數十二. 自歲月日時之數推而上之, 得元會運世之數, 推而下之, 得分釐絲毫之數."(邵康節,『皇極經世書』,「纂圖指要」上 ;『性理大全』8).

에서 음양의 교체는 우주자연의 총체적인 대변화, 즉 '개벽開闢'을 동반한다. 개벽은 본래 '천개지벽天開地闢'의 줄임말이다. 이는 '하늘과 땅이 새롭게 열림'을 뜻한다.

'하늘과 땅이 새롭게 열림'은 무엇을 말하는가. 넓은 의미에서 보자면, 그것은 두 측면에서 말할 수 있다. 하나는 맨 처음 우주만유의 탄생과 더불어 시·공간의 열림을 뜻한다. 이를 우주의 시원개벽, 혹은 원시개벽이라 부를 수 있다. 다른 하나는 우주 안에서 시·공간의 질서가 비뀜을 뜻한다. 우주 1년에서 볼 때, 그것은 크게 4단계의 마디로 구분하여 볼 수 있다. 다시 말해서 우주의 변화 마디를 생장염장의 관점에서 4단계로 구분하여 우주의 봄, 여름, 가을, 겨울로 나누어볼 수 있다는 것이다.

우주의 봄 개벽으로 인해 만유의 생명이 탄생하고, 여름 개벽으로 인해 태어난 생명이 성장 분열하며, 가을 개벽으로 인해 만유의 생명이 수렴하여 결실을 맺으며, 겨울 개벽으로 인해 만유의 생명은 폐장한다. 탄생의 질서, 성장의 질서, 수렴의 질서, 폐장의 질서가 열리는 것, 이것이 우주의 4계절 개벽이다.

우주의 4계절 개벽을 두 단계로 압축하여 볼 수 있다. 그것은 우주 1년을 전반기와 후반기로 나누는 것, 즉 생장의 질서와 염장의 질서로 나누어보는 것이다. 전반기는 우주자연의 생의 질서라 할 수 있는 봄 개벽이고, 후반기는 우주의 여름에서 가을의 질서로 넘어가는 가을개벽이다. 우주의 봄 개벽과 가을개벽은 우주자연의 변화질서가 완전히 역전된다. 그래서 증산도에서는 우주 1년의 전반기를 '선천개벽先天開闢'이라 하고, 후반기를 '후천개벽後天開闢'이라 부른다.

선천개벽과 후천개벽에서 음·양의 교체에 따른 만유의 생명은 어떻게 전개되는가. 그것은 지구 1년에서 봄에 태동하여 나아간 양의 기운이 극에 달하면 음의 기운으로 교체되면서 양의 기운이 근원으로 돌아가고 음의 기운이 나아가는 것과 같다. 즉 우주 1년에서 전반기는 양의 기운이 태동하여 분열해 나아감으로 인해 새로운 질서가 열리고(선천개벽), 이로 인해 우주만물은 생장분열의 질서로 접어든다. 반면에 후반기는 생장분열의 질서가 극에 달하면서 음의 기운이 태동하여 나아가고 양의 기운이 수렴해 들어가 감으로 인해 전반기와는 전혀 다른 질서가 열리고(후천개벽), 이로 인해 우주만유가 수렴통일의 질서로 역전된다.

동양 형이상학의 전통에서 본다면, 선천개벽으로 열린 우주자연은 양의 기운이 열려 만유의 생명이 생장분열한다는 의미에서 양도시대陽道時代, 혹은 건토시대乾道時代라고 하고, 생장분열의 기운이 근원에서 멀어지기 때문에 '역逆'의 운동이라고 한다. 반면에 후천개벽으로 열린 우주자연은 음의 기운이 열려 만유의 생명이 수렴통일된다는 의미에서 음도시대陰道時代, 혹은 곤도시대坤道時代라고 하고, 생장분열의 기운이 근원으로 수렴해 들어가기 때문에 '순順'의 운동이라고 한다.

선천의 양도에서 후천의 음도로의 전환, 건도에서 곤도로의 변화, 역의 운동에서 순의 운동으로 전환하는 것은 바로 후천 가을개벽을 뜻하는데, 이는 매우 중요한 의미를 가진다. 우주 1년에서 후천개벽은 우주만물의 총체적인 전환을 동반하기 때

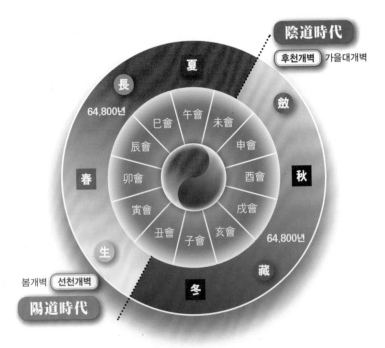

선·후천으로 순환하는 우주 1년

문이다. 이는 마치 지구 1년의 12달에서 전반기에 새로운 봄의 열림으로 만유의 생명이 생장하다가 그 극점에 이르르는 후반기의 가을철의 열림으로 만유의 생명이 생장의 질서를 닫고 결실의 질서로 전환하는 것과 같은 이치이다.

그럼 전반기의 선천개벽과 후반기의 후천개벽으로 열리는 우주의 시간주기는 어떻게 전개되는가. 우주1년(129,600)은 12회會이고, 360운運이며, 4,320세世이다. 일세一世는 30년이고, 일운一運은 360년이며, 일회一會는 10,800년이다. 우주의 봄 개벽은 자회子會에서 시작하여 사회巳會에서 끝나고, 가을개벽은 오회午會에서 시작하여 해회亥會에서 끝난다. 따라서 전반기의 선천개벽으로 열린 우주는 양의 기운이 만유의 생명을 68,000년 동안 주도적으로 이끌어 나가고, 후천개벽으로 열린 우주는 음의 기운이 만유를 68,000년 동안 주도적으로 이끌어 나가게 된다. 이와 같이 우주도 선·후천의 교체로 인해 1주기마다 새롭게 변천하며, 이 시간적 순서에 따라 우주만물은 새롭게 탄생하여 진화하는 것이다.

동학에서 말하는 후천 오만년

그런데 동학을 창도한 수운水雲 최제우崔濟愚는 『동경대전東經大全』에서 "개벽 후 오만 년"과 "다시개벽"으로 열리는 "후천 오만년의 성운"을 말한다. '개벽 후 오만 년'은 봄 개벽으로 열린 선천

세상을 뜻하고, '다시개벽'은 '후천 오만 년의 성운'으로 장차 가을개벽으로 열리게 되는 후천세상을 지칭한다.

앞서 밝힌 선천개벽으로 열린 세상이 68,000년 지속되고 후천개벽으로 열리는 세상도 68,000년 지속돼야 함에도 불구하고 최수운은 후천개벽 세상이 왜 '오만 년의 성운'이라고 말했던 것일까. 이 문제를 해결하기 위해서는 소강절의 "원회운세론"의 주장에 주의를 기울일 필요가 있다.

소강절은 "하늘은 자에서 열리고, 땅은 축에서 열리며, 사람은 인에서 생긴다."고 주장한다. 우주 1년에서 볼 때, 자子·축丑·인寅은 각 회會를 가리킨다고 볼 수 있는데, 여기에서 그는 자회子會에서 양의 기운이 발동하여 새로운 하늘의 질서가 열리고, 축회丑會에서 땅의 질서가 열리며, 인회寅會에서 인간을 비롯한 만유의 생명이 새롭게 탄생하여 활동하기 시작하게 됨을 말하고자 한 것이다.

그래서 그는 앞서 밝힌 바와 같이 "만물이 열리는 것은 월月의 인寅이고,""만물이 닫히는 것은 월月의 술戌이다."라고 주장한다. 다시 말해서 하늘은 양의 기운이 태동하는 자회子會에서 열리지만, 실제로 만유의 생명이 활동하는 시기는 인회寅會에서 드러나게 된다는 뜻이다. 따라서 일회一會를 10,800년으로 계산한다면, 선천의 봄 개벽 이후 21,600년이 지난 인회寅會에서 만유의 생명과 인류가 탄생하여 활동하기 시작했으며, 48,600년(선천개벽 이후 대략 오만 년)이 지나 오늘에 이르게 됐음을 알 수 있다.

이제 후천의 가을개벽 질서로 열리는 새로운 세상에서 만유의 생명은 결실을 맺어 48,600년(후천개벽 이후 대략 오만 년)을 보내게 된다. 그리고 해회亥會에서부터 다음 우주 년의 축회丑會에 이르기까지 약 32400년 동안은 우주의 모든 생명이 동장冬藏의 상태에 머물게 된다. 이 시기에는 어떠한 생명도 활동할 수 있는 환경이 아니기 때문에, 모든 활동을 멈추고 다음 봄 개벽을 준비하게 된다는 것이다. 그러므로 선천개벽으로 열린 우주는 대략 오만 년을 지속하고, 후천개벽으로 열린 우주도 대략 오만 년을 지속한다고 말할 수 있다.

Ⅱ. 순환이법의 존재 근거는 삼극三極

　지금까지 필자는 우리의 감각에 들어오는 우주자연의 현상이 시간 과정의 흐름에 따라 생장염장으로 전개되고 있다는 사실을 밝혀보았다. 생장염장은 만유의 생명이 시간의 흐름에 대응해서 일어나는 역동적인 변화법칙, 즉 동태적動態的인 구조에서 파악한 창조변화의 순환이법이다.

　한걸음 더 나아가 우리는 현상에서 벌어지는 역동적인 변화법칙, 즉 생장염장의 순환 근거根據가 무엇인가 라는 물음을 던져볼 수 있을 것이다. 이는 곧 우주자연의 존재근거가 무엇인가를 묻는 것과 같다. 이를 알아보기 위해서는 시간 과정이 전적으로 배제된 논리적인 구조, 즉 정태적靜態的인 구조에서 우주자연을 파악해야 한다고 필자는 믿는다. 이는 역동적인 현상에 대한 존재근거를 파악하는 것이며, 곧 생장염장의 순환이법에 대한 진리 근거를 마련하는 작업이기도 하다.

　존재 근거에 대한 탐구의 하나는 우주자연의 '본체本體'를 궁구하여 밝히는[究明] 작업일 수 있다. 동·서양의 사유에서 볼 때, 본체에 대한 구명은 논리적인 사유 활동에 의한 작업으로 '궁극의 존재'를 전제前提한다. 이를 통상 형이상학적인 탐구라 부른다. 궁극의 존재로부터 많음[多]을 추론하여 학문적인 체계를 세우는 작업이 곧 형이상학적 탐구라는 얘기다.

우주자연에 대한 궁극의 존재, 즉 근원의 본체는 '하나[一]'로 집약된다. '하나'는 우주만유에 대한 궁극의 존재 근거이고, 이를 전제로 해서 만유의 존재를 올바르게 인식하게 된다는 것이다.

'하나'는 무엇을 말하는가. 그것은, 동북아 형이상학의 논리에서 볼 때, 정신의 측면으로 보면 '일신一神'이지만 물리의 측면으로 보면 혼원한 '일기一氣'이다. 한마디로 말하면 '일신즉일기一神卽一氣'로 정의할 수 있다. 이를 논리적으로 분석해 보면, '일신'은 삼신三神, 즉 조화造化, 교화敎化, 치화治化의 신으로, '일기'는 '삼극三極', 즉 무극無極, 태극太極, 황극皇極으로 분석된다. 필자는 이 장에서는 삼극의 존재를 밝히는 작업에 한정할 것이다.

삼극은 역동적으로 전개되는 우주자연의 존재론적 근거이며, 곧 생장염장의 순환이법에 대한 진리 근거가 되는 것이다. 이를 토대로 해서 우리는 우주자연의 전체가 어떻게 존재하게 되며,

우주자연의 본체가 되는 일신 즉 일기

우주자연과 문명, 인간의 삶의 과정이 생장염장의 이법에 따라 어떻게 순환하게 되는가를 인식할 수 있게 되는 것이다.

1. 본체本體는 현상의 존재 근거

진리 인식認識의 조건

생장염장의 순환이법에 대한 진리 근거를 말하려면 먼저 무엇이 진리인가를 정의하는 것이 우선일 것이다. 서양철학의 전통에서 볼 때, 진리는 경험주의적 입장, 합리주의적 입장, 실용주의적 입장 등, 여러 각도에서 서로 다르게 정의될 수 있다. 그러나 필자는 진리 자체에 대해 분석하지 않고, 기본적으로 진리를 말하려면 인식을, 인식을 말하려면 대상을, 대상을 말하려면 개념을, 개념을 말하려면 존재를 전제한다는 의미에서, 진리의 조건이 되는 인식과 관련된 측면만을 논의해볼 것이다. 왜냐하면 진리를 '말' 하려면 어떤 방식으로든 알고 있다는 사실을 말하게 될 터인데, '앎'은 곧 인식을 목적으로 하기 때문이다.

인식이란 무엇인가. 인식의 뜻은 글자 그대로 말하면 '사물을 분별해서 확실하게 아는 것'을 뜻한다. 여기서 '사물'은 대상對象을 지칭한다. 대상은 형태가 있는 유형적인(물리적인) 것이든, 형태가 없는 무형적인(정신적인) 것이든 모두 '관념concept'으로 환원된다. 그래서 '확실히 아는 것'은 지성이 관념으로 소유하게 되는 대상에 대한 명확한 진술을 의미한다고 볼 수 있다.

오늘날 우리는 지식의 홍수 속에 살고 있다. 이러한 지식은 모두 '대상에 대한 앎(관념)'이다. '대상 – 앎'에서 '대상'은 지성 안에 있는 주관적인 것이든, 지성 밖에 있는 객관적인 것이든, 단편적인 것이든, 전체적인 것이든, 사실적인 것이든, 허구적인 것이든, 모두를 망라한다.

지성이 소유하고 있는 대상에 대한 '앎[지식知識]'이 모두 인식이 되는 것은 아니다. '앎'에는 '더 확실한'이라는 수식어가 붙음으로써 그 정도程度가 다양해질 수 있기 때문이다. 그럼 어디까지 알아야 인식했다고 말할 수 있을까. 이를 판단하는 기준은 앎의 '지속성持續性'과 '항존성恒存性'에 있다고 본다. '지속성'과 '항존성'은 '언제나 같은 것으로 남아 있는 것'을 뜻한다. 적어도 이 조건이 충족되어야만 진리를 인식한다고 말할 수 있기 때문이다.

'지속성'과 '항존성'은 지성 안에 있는 '앎'과 그 '대상'에 꼭 같이 적용이 된다. 만일 지성 안에 있는 '앎'이 수시로 바뀐다면, 그것은 정의定義될 수도 없고, 타인에게 전달될 수도 없다. 동일한 대상에 대한 앎의 진술, 즉 "이것은 사람이다"고 말하면서 "이것은 나무이다"고 말하는 경우가 그렇다. 또한 앎의 대상이 수시로 바뀌어도 상황은 마찬가지이다. "이것은 사람이다"고 말하는 순간에 "이것"이 가리키는 동일한 대상이 '개'로 바뀐다면, "개는 사람이다"라고 진술하게 되어 결국 대상에 대해 우리가 무엇이라고 말할 수 없을 뿐만 아니라 검증도 할 수 없으며, 객관적인 설득력 또한 제시할 수 없기 때문이다.

서양철학의 전통에서 논의되는 '대응설對應說'에 따르면, 진리는 지성이 가지는 앎과 대상의 일치(지성과 사물의 일치)에서 성립한다. 대응설에는 '감각적 대응설'과 '이성적 대응설'이 있다. 전자는 감각을 통해서 나온 앎의 내용이, 후자는 이성을 통해서 나온 인식 내용이 지성 밖의 사물(대상)과 일치할 때 진리로 보는 경우이다.

'감각적 대응설'은 영국의 경험주의 인식에서 주장되고 있고, '이성적 대응설'은 합리주의 거장으로 칭송되는 고대의 철학자 플라톤(Platon : 기원전 427-347)의 주장에서 기원한다. 플라톤은 "있는 것은 있다고 말하고 없는 것은 없다고 말하는 것, 여기에 진리가 있다"고 했다. '있는 것은 없다'고 하거나 '없는 것은 있다'고 말하는 것은 자기모순을 가진 발언으로 진리가 될 수 없다는 얘기다. 마치 사람의 존재에 대한 앎의 내용이 순간적으로 바뀌거나 그 대상이 바뀔 경우가 그렇다. 그런 까닭에 진리는 허구가 되지 않기 위해서는 '지속성'과 '항존성'을 본성으로 하는 '대상에 대한 인식'이어야 한다는 것이다.

진리인식의 대상은 실재實在하는 이데아Idea

그러한 대상을 우리는 어디에서 찾을 수 있을 것인가. 우선 감각에 들어오는 현상의 개별적인 것들은 시간의 흐름을 타고 끊임없이 유동 변화하므로 '지속성'과 '항존성'을 충족시킬 수 없게 된다. 즉 이것들은 참 존재의 영역에 들어올 수 없다는 얘기다. 따라서 경험을 통해 들어오는 현상들은 일시적으로 존재하는 것들이기 때문에 진리인식의 대상에서 제외될 수밖에 없다.

경험의 대상들이 진리인식의 대상이 될 수 없다는 주장의 대표적인 사례는 서양 고대철학에서 찾아볼 수 있겠는데, 극단적인 회의론자라 불리는 고르기아스(Gorgias : 기원전 483-375)의 선언에서 확인할 수 있다. 그는 "참된 실재란 없다(그래서 이들에 대한 인식은 없다). 그런 것이 있다 해도 우리는 그것을 인식할 수 없다. 우리가 그것을 인식한다 해도 다른 사람들에게 전달할 수 없다."[21]고 하였던 것이다.

진리에 대한 회의론자의 항변을 잠재우고 진정한 학문의 체계를 구축한 철학자는 플라톤이다. 그는 인식 대상을 경험세계에서 주어지는 유동 변화하는 현상계가 아닌 순수이성으로 파악할 수 있는 불멸의 이데아Idea(형상eidos)계에서 찾았다. 이데아들만이 실재(實在 : reality)하는 것으로 인식의 대상이요 곧 참 존

---

21) 문계석, 『철학의 근본문제』, 78쪽

재의 영역에 속한다는 얘기다.

플라톤은 진리인식의 대상으로 어떻게 이데아의 세계를 도입하게 되었던 것일까. 그의 형이상학적 진리관은 "존재(存在to on : the being)"에 대한 탐구가 사유의 핵심을 이룬다고 할 수 있다. "존재란 무엇인가"의 물음이 그것이다. 이는 철학사에서 가장 오래되었고, 현재까지도 철학자들을 괴롭히고 있는 가장 보편적인 물음일 것이다.

논리적으로 볼 때, "존재" 개념은 최고로 보편적인 유類개념이다. 우리가 만약에 "존재"의 짝으로 "비존재(非存在to me on : the non being)"를 상정想定하게 되더라도, 이는 결국 최고의 유개념인 "존재"에 귀속되는 것이지, 그것과 대등하거나 상위의 개념일 수 없다. 왜냐하면 "비존재"도 '존재'하기 때문이다. 즉 "비존재"는 과거, 현재, 미래를 관통하여 영원히 존재할 수도 없을 뿐만 아니라 지성 속에 개념으로도 결코 있을 수 없는 그런 것이라 하더라도, 어떤 방식으로든 "존재"에 속할 수밖에 없다는 얘기다. 그래서 개념으로 볼 때 "존재"는 그에게서 최고의, 궁극의 유개념으로 자리를 잡게 되고 가장 보편적으로 적용이 되는 것이다.

그런데 개념은 대상을 전제한다. 플라톤은 이 대상이 지성 밖에 있다고 생각했다. 그가 제시한 가장 보편적인 존재 개념의 대상은 논리적으로 분석해 볼 때 크게는 네 가지로 분류된다. 네 부류의 대상과 그에 상응하는 앎을 열거하면 다음과 같다.[22]

첫째의 단계는 현실적으로 전혀 일어날 수도 없거나 실재實在할 수도 '없는 것들'인데, 이를 존재한고 알고 있는 지식이다. 이를 그는 추측이나 망상에 의한 앎(eikasia : conjecture)이라 규정했다. 영원히 존재할 수 없거나 논리적으로 성립할 수 없는 것들이 여기에 속하는데, 황금산이나 둥근삼각형과 같은 것이 그 경우다. 이들은 현실적으로 존재할 수 없는 것들이다.

둘째의 단계는 실재하는 것도 아니고 그렇다고 아주 없는 것도 아닌, 잠시 있다가 없어지는 '생멸에 속하는 대상들'인데, 이들에 대한 앎을 그는 믿음이나 확신에 의한 지식(pistis : confidence)이라 했다. 우리의 감각을 통해 들어오는 유동하는 현상의 개별물을 파악해서 아는 그런 종류의 지식들이다. 이들 두 종류에 대한 앎을 그는 인식이 아니라 억견(doksa : opinion)이라 불렀다. 일상생활의 경험에서 말해지는 것들이 대체로 여기에 속한다.

셋째의 단계에는 감각을 동원해서 아는 지식이 아니라 이성理性의 사고를 동원하여 얻어낼 수 있는 것들이다. 명제命題를

22) 문계석, 『철학의 근본문제』, 42~49쪽 참조

	이데아의 세계	인식 *Episteme*	인식 *Episteme*
존재계	수학의 세계	논증 *Apodeiksis*	
	감각의 세계	믿음(확신) *Pistis*	**억견** *Doxa*
	없는 세계(비존재)	억측 *Eikasia*	

플라톤의 세계관

통해서 나오는 지식과 '자체로 있는 것'에 대한 지식이 여기에 속한다. 전자의 경우는 전제前提로부터 논리적인 추론을 통해서 나온 지식으로 논증(apodeiksis : proof)이라고 한다. '1+2=3'이라는 수학적 지식이나, '사람은 죽는다. 홍길동은 사람이다. 그러므로 홍길동은 죽는다.'와 같은 추론을 통해 나온 논리학의 지식들이 그 예이다.

마지막의 단계는 '자체로 있는 것'에 대한 '본성적인 지식'으로 순수 이성의 직관을 통해서 갖게 되는 인식(episteme)이다. 즉 수학의 대상을 넘어서면 이데아의 세계가 있는데, 이를 이성적 직관을 통해 아는 인식이 그것이다. 수학적인 지식이나 논증적 지식, 그리고 이데아에 대한 지식을 그는 '시간의 흐름과는 무관하게 참으로 있는 것'들이며, 적어도 '언제나 같은 것으로 남아 있는 것'에 속하기 때문에 '지속성'과 '항존성'을 확보하고 있다는 의미에서 참 존재에 대한 인식이라 규정했다.

플라톤의 진리관은 확실하다. 그는 '지속성'과 '항존성'을 본성으로 하는 이데아만이 '언제나 같은 것으로 남아 있는 실재', 즉 '참 존재'라고 주장한다. 예를 들면 '인간 자체', '동물 자체', '빨강 자체', '산 자체', '강물 자체' 등과 같은 보편 개념들은 실재하는 것으로 이데아들이다. 그리고 최고의 실재(이데아)가 있는데, 이는 '이데아들 중의 이데아'로 가장 보편 개념인 '존재 자체'가 된다.

보편자들이야말로 실재하는 것들이고, 정의와 진리 인식의 대상이 된다는 것이 플라톤의 결론이다. 반면에 개별적인 현상 세계에 대한 것들은 진리 인식의 영역에 들어올 수 없다. 왜냐하면 그것들은 시간의 흐름에 예속되어 있어서 본성상 유동 변화하여 '항존성'과 '지속성'을 가질 수 없기 때문이다. 그래서 그는 우리의 경험에 들어오는 역동적인 현상의 것들을 이데아의 그림자[반영反影] 내지는 모상模像에 지나지 않는다고 했던 것이다.

현상의 개별적인 존재 근거는 실체實體(본질本質)

플라톤이 말한 것처럼 보편적 개념인 이데아(실재)는 역동적인 현상의 개별적인 것들과 서로 유리遊離되어 있는 것일까. 현상을 초월하여 존재하는 이데아만이 실재이고, 현상의 개별자들은 허상인가. 예를 들면 보편 개념인 '인간'만이 실재하고, 개별적인 '이 인간', '저 인간' 등은 단순한 그림자에 지나지 않는 것인가. 여기에 대해 강력하게 반발하고 나선 형이상학자가 등장한다. 그는 바로 플라톤의 수석 제자인 아리스토텔레스(Aristoteles : 기원전 384-322)이다.

플라톤의 이데아론에 대한 아리스토텔레스의 반론[23]은 다음의 관점으로 개괄해볼 수 있다 : ㉠ 이데아는 현상의 개별자들 안에 있지 않으므로, 이데아가 해명해야할 학문의 목적, 즉 개별적인 본성을 설명하지 못한다. ㉡ 이데아는 개별 현상들을 비교 분석하여 공통적인 속성들을 끌어 모아 개념화한 것으로, 논리적이고 추상적인 보편 개념이지 존재론적 개념이 아니다. ㉢ 이데아는 운동 변화의 근원을 설명하지 못하기 때문에 개별 현상의 존재 근거가 될 수 없다. ㉣ 이데아론은 무한 소급의 이데아에 빠진다. 그것은 이데아와 이데아에 참여하는 것을 포함하는 상위의 보편자로서 이데아를 상정하지 않을 수 없기 때문이다. 예를 들면 인간 자체의 이데아와 개별적인 인간들의 공통성을 포함하는 제 3의 인간을 상정하게 되는데, 제 3의 인간을 포함하는 또 다른 이데아들 상정해 나가게 되어 결국 이 과정을 무한히 소급해 나갈 수밖에 없게 된다.

---

23) 문계석, 『철학의 길잡이』, 85쪽 참조.

아리스토텔레스는 '지속성'과 '항존성'을 본성으로 하면서 '언제나 같은 것으로 남아 있는 실재'가 참 존재라는 플라톤의 진리관을 그대로 받아들인다. 그러면서 그는 유동 변화하는 현실세계에서 참 존재, 즉 "실체(實體 : ousia)"를 찾는다. 그는 스승인 플라톤이 제시한 '실재reality' 개념 대신에 '실체'란 개념을 도입한 것이다. 이는 자신의 실체관이 스승의 이론과는 근본적으로 다르기 때문에, 일종의 차별성을 두고 싶은 의도가 있음을 강하게 풍기고 있다.

아리스토텔레스는 실체를 현실 안에 독립적으로 자존하는 "개체성tode ti"으로 규정한다. 요컨대 실체는 바로 '개별적인 사람이 바로 그것일 수 있도록 하는 개체성'을 말하는데, 본성적인 것을 지칭한다. 본성적인 것은 유동 변화하는 개별적인 것들의 존재 근거가 되고, 바로 개체성으로서의 실체가 된다는 얘기다. 결과적으로 말해서 스승이 제시한 이데아가 현상의 개별자 안에 있다고 본 것이 아리스토텔레스가 말하는 실체이다.

아리스토텔레스는 유동 변화하는 현상에서 실체를 어떻게 찾아내어 규정할 수 있었던 것일까. 그는 우선 현상의 개별적인 것들의 존재 근거를 찾아 나선다. 존재 근거를 찾는 작업은 우주 자연의 생성 변화가 '무엇 때문에', '어떻게', '왜' 일어나는가 하는 결정적인 "까닭(aitia : causa)"을 찾는 것과 같다. 요컨대 그것은 전에 없던 개별적인 인간(가능태dynamis로 존재하는 것)이 생겨나 현실적인 인간(현실태energeia로 존재하는 것)으로 존재하게 되는데, 그 변화의 원인原因을 밝히는 것과 같다는 얘기다.

역동적으로 변화하는 개별적인 것들의 '존재 근거', 즉 '존재 원인'을 찾기 위해 아리스토텔레스는 『형이상학』(1028a 1-1052a 9)에서 많은 논의를 할애하여 현상의 생성 변화를 분석한다. 그 결과 그는 개별적인 것들의 존재 근거를 4원인, 즉 "형상인", "질료인", "작용인", "목적인"으로 개괄한다.

4원인은 구체적으로 무엇을 의미인가. 이해를 쉽게 하기 위해 우리가 아담한 '집house'을 한 채 짓는다는 예시를 들어서 설명해 보자.[24]

우선 "형상인"은 무엇인가. 집을 지으려면 우선 집에 대한 다양한 정보를 담은 설계도가 있어야 한다. 그렇지 않으면 일정한 집이 건축될 수가 없기 때문이다. 설계도가 갖고 있는 정보는 크게 두 가지로 구분된다. 하나는 이러저러한 형태(모양), 크기, 어떤 색을 칠할 것인가 등이고, 다른 하나는 집이 가지는 고유한 본질(본성), 즉 집으로서 기능ergon할 수 있는 본연의 현실태이다. 전자는 "우연적인 형상accidental form"이라 하고, 후자는 "본질적인 형상essential form"이라고 하는데, 양자를 합쳐 "형상eidos"이

---

24) 문계석, 『철학의 길잡이』, 84-90쪽 참조.

라고 부른다. 여기에서 본질적인 형상은 '개별자를 개별자이게 하는 일정한 규정성의 원리'가 된다. 아리스토텔레스가 실체를 개체성이라 부른 까닭은 바로 이 본질적인 형상을 염두에 두고 한 말이다.

다음의 "질료인"은 무엇인가. 집을 짓는데 꼭 필요한 다양한 건축 재료matter들이다. 나무, 세면, 물감, 유리, 철근, 못, 톱, 대패, 망치, 가구들 등이 그것들이다. 이것들을 통 털어서 "질료hyle"라 부른다. 질료는 아직 구체적인 사물로 일정하게 형성되지 않았기 때문에 가능태이다. 여기에 일정한 형상이 들어가야 구체적인 개별물이 형성된다. 즉 다양한 재료(질료)를 동원하여 집의 형상이 실현되면 현실적인 집이 생겨날 것이고, 배의 형상이 들어가면 물위에 떠 있는 실제적인 배가 생겨나게 된다.

세 번째의 "작용인"은 무엇인가. 다양한 건축 재료를 동원하여 일정하게 설계된 틀(형상)에 맞게 자르고, 다듬고, 짜 맞추고, 색을 칠하고, 가구들을 배치할 작업자가 꼭 필요하다. 작업자가 없다면 없던 집이 현실적인 집으로 생성될 수 없기 때문이다. 이 작업자를 아리스토텔레스는 '운동과 변화의 원인(작용인)'이라 규정했다. 작용인은 자연물의 경우에는 태생부터 현실적으로 생겨나는 것 안에 있지만, 인공물의 경우에는 밖에 있을 뿐이다. 그래서 자연적인 경우는 스스로 생장변화의 과정으로 진입할 수 있지만, 인공물의 경우는 밖에서 운동인이 가해져야 생장변화하게 되는 것이다. 이처럼 작용인은 가능태로 존재하는 것을 현실태로 만드는 요인인데, 형상이 가능태를 움직이도록 작용한다는 의미에서 '작용인으로서의 형상인'이라고 부르기도 한다. 왜냐하면 현상의 운동 변화는 가능적인 것의 현실화이기 때문이다.

마지막으로 "목적인"은 무엇인가. 모든(자연물이든 인공물이든) 운동 변화에는 존재 목적telos이 있다는 것이 아리스토텔레스의 입장이다. 건축 재료들이 잘리고, 다듬어지고, 짜 맞춰지고, 색이 칠해지는 모든 운동 변화과정은 일정한 목적telos, 즉 집이라는 형상(우연적인 형상과 본질적인 형상)을 실현하기 위해서 일어나는 것이다. 사람의 경우도 마찬가지이다. 사람이 태어나면 끊임없이 움직이며 성장해 가는데, 그 과정은 사람의 완전한 형상(목적)을 실현하기 위해서다. 형상이 완전하게 실현되면 운동변화는 끝난다(목적 실현entelecheia). 따라서 그는 자연에서 일어나는 모든 운동 변화는 일정한 형상의 실현(목적)을 위해서 발생하는 것이라고 보았다(목적론적 세계관)

아리스토텔레스가 형이상학에서 말하는 역동적인 현상의 개별적인 존재 근거는 바로 '4원인'이다. 이를 더 압축하면 두 가지로 집약된다. 하나는 현실세계에 드러난 개별적인 사물을 구성

신적인 세계	생장염장으로 순환하는 현실의 세계	
순수형상 (부동의 원동자) (신적인 존재)	질료인	제1질료:순수질료 제2질료:사물을 구성하는 재료
	형상인	제1형상:본질적인 형상 제2형상:우연적인 형상
	작용인	목적 달성을 위한 작용의 힘
	목적인	형상의 실현이 최종목적

우주자연의 창조변화를 구성하는 근본 원리

하는 바탕이 필수적으로 동원돼야 한다는 의미에서 "질료"이고, 다른 하나는, '질료의 형상화'에 동원되는 작용인이 형상을 전제로 해서 일어난다는 의미에서 그리고 운동 변화의 목적인 또한 형상의 완성이라는 의미에서, "형상"이다. 형상과 질료는 현상의 개별적인 존재 근거, 즉 형상은 실체에 대한 정의를 제공하는 근거이고 질료는 현상의 물리적인 존재 근거라 볼 수 있을 것이다.

"형상"은 개별적인 것들을 한정하는 '규정자規定者'이고, "질료"는 형상에 의해 한정되어 현상으로 드러날 '무규정자無規定者'이다. 개별적인 것들이 바로 실체가 될 수 있도록 하는 결정적인 근거는 질료에 있는 것이 아니라 형상(본질적인 의미의 형상)에 있다는 얘기다.

그러므로 아리스토텔레스는 실체란 무엇인가를 밝히는 형이상학에서 현실적인 개별자에 내재해 있는 형상이 실체라고 결론을 내렸던 것이다. '항상 같은 것으로 남아 있는 실체'는 본질적인 형상이다. 이것 때문에 어린애나 어른이나 같은 인간이 되지만, 개와 다르고, 다른 짐승과 다른 까닭이 되는 것이다.

형상으로서의 실체는 현실적인 개별자 안에 내재해 있는 것이지 플라톤이 말하는 보편자로서 이데아에 있는 것이 아니다. 아리스토텔레스의 철학에서 보면, 우주자연에서 실체는 형상이요, 이것이 현실적인 개별물 안에 내재해 있기 때문에, 사람은 사람의 본성으로 기능하며, 개는 개의 본성으로, 돼지는 돼지의 본성으로, 나무는 나무의 본성으로, 꽃은 꽃의 본성으로 기능하게 된다고 말한다.

본체本體와 현상現象

서양철학의 전통에서 보자면, 참으로 '실재하는 것'은 우리의 감각에 들어오는 개별적인 현상phenomenon의 배후에 있다. 여기서 '배후에 있다'는 뜻은 현상을 초월해 있다는 의미가 아니라 시·공간의 제약을 받지 않는다는 것이다. 그것은 시·공간의 제약을 받지 않을지라도 '항존성'과 '지속성'을 본성으로 하기 때문에, 현상의 '존재 근거根據'가 되며, 감각이 아닌 이성理性의 순수 사유를 통해서만 접근할 수 있는 그런 것이다.

동양철학의 전통에서는 '실재하는 것'을 어떻게 규정하고 있을까. 동양의 형이상학적 사고에서는 '실재reality'라는 용어 대신에 대체로 '본체noumenon'란 용어가 등장한다. 본체는 말 그대로 '개별적인 현상의 바탕에 있는 초감각적 실재'란 뜻이다.

'초감각적 실재'란 뜻을 가진 본체는 역동적인 현상과 따로 분리되어 있는 것을 뜻하는가. 플라톤의 '이데아'에서 보듯이 본체가 현상을 전적으로 초월해 있다면, 본체에 대한 학문적인 탐구는 그 의미가 없게 된다. 이는 본체와 현상이 분리될 수 없다는 애기다. 그러나 현상은 시·공간에서 역동적인 생성변화의 과정으로 진행되지만, 본체는 시·공간의 제약을 받지 않아야 하며, 또한 자체로 변화하거나 생성되는 것이 아니어야 한다. 여기에 풀기 어려운 문제가 있는 것이다.

우리는 이 문제를 해결할 수 있는 대안을 상정해볼 수 있다. 하나는 본체와 현상을 동일하게 보는 견해이고, 다른 하나는, 아리스토텔레스가 형이상학에서 설파한 것처럼, 역동적인 현상의 '존재 근거'를 본체로 보는 것이다.

본체와 현상을 동일하게 보는 경우는 불가佛家의 입장을 꼽을 수 있다. 불가에서는 본체란 '우주만물이 있는 그대로의 참모습[實相]'이고, 역동적인 우주자연이란 '조건에 따라서 상호

의존하여 끊임없이 드러나는 현상'이라고 한다. 이는 우주자연에서 시·공의 제약을 받지 않는 본체 같은 것이란 없고, 단순히 무상無常한 현상뿐이라는 얘기다. 그래서 불가에서는 '현상 그 자체가 본체[現象卽本體]'라는 입장을 제시하게 된다.

불가에서 비록 현상의 생멸계生滅界와 본체의 진여계眞如界를 구분하여 말하지만, 현상이 본체요, 본체가 현상이라는 입장은 확실하다.『반야심경般若心經』에서 "색즉시공 공즉시색色卽是空空卽是色"은 이를 말해주고 있다. 이는 본체의 존재 근거가 생멸계의 현상이요, 현상의 존재 근거가 본체가 됨을 함의한다. 결과적으로 볼 때 현상의 존재 근거, 즉 본체를 찾는 작업은 필요 없다는 뜻이다.

서양철학의 사고에서 볼 때, 불가에서와 같이 본체를 전제로 하지 않는 '무근거無根據'를 내세운다거나, 현상과 본체를 동일하게 보는 입장에서 근거 없는 근거를 말하는 것은 학문의 체계성을 무너뜨리는 양상을 보이게 된다. 학문의 대상은 바로 '지속성'과 '항존성'을 본성으로 하는 대상에 대한 것이며, 여기로부터 학문의 체계적인 인식이 나오기 때문이다. 이런 까닭에 동양철학의 사고에서도 현상의 존재 근거를 본체라 규정하고, 이를 체계적으로 정리한 학문이 등장하게 되는 것이다. 역동적인 우주자연에 대한 본체론적인 탐구가 그것이다.

학문의 꽃이라고 말할 수 있는 본체론적인 탐구는 현상의 존재 근거에 대한 탐구이다. 우주자연의 본체와 현상은 동일한 것도 아니고, 서로 분리된 것도 아니지만, 불가분의 관계임에 틀림없다. 양자는 어떤 관계인가.

전통적인 형이상학적 체계에서 보자면, '현상'은 개별적으로 있는 현실적인 '많음'에 대한 규정이고, '본체'는 현상을 넘어서 보편적으로 있는 '하나'에 대한 규정으로 볼 수 있는데, 본체는 현상을 정의定義하는 규정자이고, 현상은 본체에 의해 정의됨으로써 그 존재의미를 가지게 된다고 할 수 있다. 이는 본체를 전제하지 않는 개별적인 현상이란 정의될 수 없고, 반면에 개별적인 현상이 없는 항존하는 본체란 공허하다는 뜻을 함의한다.

본체와 현상의 관계는 '본말本末'의 관계로 말할 수도 있다. 즉 양자의 관계는 근원적인 의미의 '본本'과 지엽적인 의미의 '말末'로 이해할 수 있다는 얘기다. '말'은 우주자연이 역동적으로 전개되고 있는 개별적인 현상이라면, '본'은 드러난 현상의 존재 근거 내지는 바탕이 된다. 이는 마치 사람의 본체(보편자)를 근거로 해서 개별적인 '이 사람', '저 사람'이 존재하게 된다고 말하는 것과 같은 이치이다.

현실적으로 다양하게 생동하는 개별적인 현상은 본체를 근거로 해서 존재하게 되는데, 여기에서 우리는 하나의 문제를 던져볼 수 있다. 본체(보편자)가 있기 때문에 현상(개별자)이 있는가, 현상이 있기 때문에 본체가 있는가 하는 물음이다.

진리 인식과 정의에 관한 한 본체는 현상에 선재先在한다고 본다. 정의는 보편성을 본성으로 하기 때문이다. 즉 역동적인 창조 변화의 과정으로 발현되는 현상은 바로 본체에 의거하여 정의될 수 있다는 얘기다. 그래서 생장염장으로 순환하는 현상에 대한 정의는 바로 본체론에 있다고 말하게 되는 것이다.

본체론은 현상의 '존재 근거'에 대한 것으로 형이상학의 영역에 속한다. 이는 우주자연의 역동적인 현상을 넘어서 시·공간의 변화성이 배제된 논리적인 구조에서 파악되는 것이다. 이런 의미에서 우리는 우주자연에 대한 탐구에는 두 축이 있는데, 하나는 앞서 밝힌 바와 같이 우주자연의 현실적인 구조 – 현상론적인 접근 – 생장염장의 변화이법을 밝히는 것이고, 다른 하나는 앞으로 논의하게 될 우주자연의 논리적인 구조 – 본체론적인 접근 – 생장염장의 존재 근거를 밝히는 것이다.

2. 우주자연의 본체는 '하나 즉 셋[一卽三]'

우주자연은 '하나의 전체'

우주자연에 대한 본체론적 탐구는 '하나의 전체'를 전제한다.

'하나의 전체'란 무엇을 뜻하는가. 이 말의 핵심은 모두 묶어서 전체가 하나라는 뜻이 아니다. '하나의'에서 '…의'란 귀속 내지는 소유의 의미를 갖는다. 요컨대 '나의 신체'란 의미는 '신체가 나에게 속한다'고 하거나 '나는 신체를 가지고 있다'고 풀이해 본다면, '하나의 전체'는 '하나가 전체를 가지고 있다'거나 '전체가 하나에 귀속해 있다'고 말해볼 수 있다.

'하나의 전체'는 수數로 말하면 유일무이唯一無二한 '하나'라고 말할 수 있을 것이다. 이것이 함의하는 바를 간취해 본다면, 우주자연의 모든 것이 각기 서로 밀접하게 연관된 유기적인 체계로 이루어져 있음을 뜻한다. 이는 우주자연의 품안에서 존재하는 수많은 것들이 각기 따로 존재하는 것이 아니라 모두 '하나를 근원'으로 하여 서로 뒤엉켜 있는 유기적인 전체[all]가 된다는 뜻이다. 그렇다면 전체를 구성하는 개별적인 모든 것[everything], 즉 자연, 인간, 문화 등에 속하는 무수한 개별적인 존재는 단순히 우리가 편의상 구분하여 정의하여 인식하고 있는 것에 지나지 않는다는 얘기다.

'하나의 전체'로 표현되는 우주자연을 우리는 본체와 현상으로 분석하여 논의해 볼 수도 있다. '하나One'는 형이상학적인 의미에서 궁극의 '근원의 본체'에 대응하는 것으로, 우주자연을 구성하는 '전체all'는 '개별적인 모든 것'의 현상에 대응하는 것으로 이해해볼 수 있다는 얘기다.

현상으로 드러난 '개별적인 모든 것'은 자연적인 것이건 인위적인 것이건 문화적인 것이건, 역사적인 것이건, 심지어 가시영역을 벗어나 있는 미시세계의 것이나 거시세계의 것이건, 삼라만상의 모두를 지칭한다. 이 모든 것들로 구성된 우주자연을 본체의 측면에서 말하면 수적으로 '하나'이지만, 현상의 측면에서 말하면 '전체'가 된다는 뜻이다.

우주자연의 전체를 구성하고 있는 모든 것들은 각기 다르지만 서로 밀접한 유기적인 관계망으로 구축되어 있어서 상호작용[互根作用]으로 존재한다고 말할 수 있을 것이다. 문제는 이것들이 어떤 의미에서 하나의 본체로부터 비롯된 것이라고 말할 수 있는가이다.

우주자연의 본체가 '하나'라고 주장할 수 있는 근거는 '근원에 근원'을 추적하여 보는 것이다. 적절한 예는 아니겠지만, 예컨대 현상으로 드러난 70억의 인간이 근원에 근원을 찾아 올라가 본다면, 시원의 인간에 이를 것이고, 인간일 수 있도록 하는 하나의 결정적인 본체를 말할 수 있게 된다. 이 방식을 우주자연 전체에 적용시켜 본다면, 개별적인 것들의 존재 근원을 찾아 무한히 소급해 볼 수 있고, 결국 우주자연의 '하나의 본체'에 이르게 된다. 이는 곧 '하나의 본체'를 근원으로 해서 우주자연 '전체'가 출현한 것임을 시사하고 있다.

근원의 본체는 하나(신즉기神卽氣)

우주자연의 본체는 무엇을 말하는가. 이에 대해서 동방 한민족의 경전인 『태백일사』는 "만물의 큰 시원[大一]이 되는 지극한 생명이여! 이를 양기良氣라 부르나니 유와 무가 혼연일체로 존재하고, 텅빔[虛]과 꽉 참[粗]이 오묘하구나."[25]라고 기록하고 있다.

여기에서 '하나'는 '대일大一'이다. '대일'은 현상의 전체 생명이라고 말할 수 있지만, 우주만유의 존재가 기원하는 지극한 생명의 '근원'이 된다는 의미에서 '본체'라고 할 수 있다. 본체가 되는 '대일'은 '양기良氣'로 정의되고 있다. 이는 양기가 곧 우주자연의 근원으로 지칭되는 본체에 대한 다른 표현일 것이다.

근원의 본체가 되는 양기는 무엇을 말하는가. 그것은 전체와 본질이라는 두 측면에서 구분하여 말해볼 수 있다.

전체의 측면에서 말할 때 양기는 '유무有無의 혼연일체'로 파악된다. 우주자연은 실제적으로 유有와 무無가 혼융混融되어 있는 전체적인 것이라 할 수 있는 것이다. 이는 우주자연의 모든 것이란 '유'이거나 '무'에 속한 것이기 대문에, 그 어떤 것도 '유'와 '무'의 영역을 벗어날 수 없다는 뜻을 함의한다. 물론 여기에서 말하

---

25) 安耕田 譯註, 『桓檀古記』 「太白逸史」 <蘇塗經典本訓>, 501쪽.

하나의 전체=대일			
전체의 측면		본질적인 측면	
無	有	虛	粗
정신적인 극	물질적인 극	神	氣

하나의 전체 = 대일

는 '무'는 '절대적인 무'가 아니라 일정한 조건이 형성이 되면 '유'가 될 수 있는 그런 '가능적인 무', '유의 근거가 되는 무도 포함된다. '무에서 '유'로의 전환이 곧 현상이기 때문이다.

본질적인 측면에서 말할 때 양기는 '허조虛粗'로 규정되고 있다. 본체는 즉자적으로 말해서 텅 비어 있는 듯하면서도 가득 차 있는 것이라고 할 수 있겠는데, '허'는 텅 비어있다는 뜻이고, '조'란 정제精製되지 않아서 그 무엇으로도 현상화되어 있지 않은 가득 찬 것을 뜻한다. 그럼에도 '허'와 '조'는 같은 본체[虛粗同體]이다. 이러한 의미의 '허조'는 우주자연의 본체에 대한 본질적인 규정으로 볼 수 있으며, 허와 조의 오묘한 작용으로 인하여 현상의 우주자연이 존재하게 되는 것쯤으로 우리는 이해할 수 있게 된다.

본체가 되는 양기의 본질적인 특성이 '허'와 '조'로 정의 된다면, 이는 구체적으로 무엇을 지칭하는 것일까. '허'는 실제적으로 아무런 형체가 없음을 뜻하는 무형無形의 존재를 의미할 수 있겠는데, 이는 일종의 신神적인 것, 혹은 정신적인 것을 지칭하는 것으로 볼 수 있을 것이다. 반면에 '조'는 실제적으로 생멸의 현상이 발현되는 유형有形의 근거를 의미할 수 있다. 달리 말하면 이것은 정제精製되어 구체적인 것으로 드러나게 될 일종의 기氣적인 것을 지칭하는 것으로 볼 수 있다는 얘기다. 이로부터 우리는 '대일'에 대한 존재론적인 특성이 무형의 '신'과 유형의 '기'를 지칭하는 것으로 말할 수 있게 되는 것이다.

우주자연에 가득 차 있는 '기'는 물리적인 유형의 모태가 되고, 텅 비어 있는 듯한 '신'은 정신적인 무형의 모태가 된다. 이는 근원의 본체가 논리적으로 말해서 '하나이며 둘'이라는 뜻으로 이해될 수 있음을 뜻한다. 이러한 주장은 어떻게 가능한가. 이와 관련해서 유기체의 형이상학을 체계화한 화이트헤드(A.N. Whitehead :1861-1947)의 표현은 매우 시사적이다. 즉 존재하는 모든 것은 양극성, 즉 "정신의 극metal pole"과 "물리의 극physical pole"을 가지는데, 정신의 극에서 보면 우주자연의 근원적 존재는 무형의 신神으로 말할 수 있고, 물리의 극에서 보면 혼원混元한 기氣로 말할 수 있다는 얘기다.

그럼에도 우주자연의 본체에 대한 존재론적인 특성이 되는 '신'과 '기'는 각기 따로 실재하는 것이 아니라 한 몸체[同體]의 두 표현이다. 다시 말해서 우주자연은 '하나의 전체'로서 온 생명의 근원이 되는 '대일'인데, 그 본체적인 특성은 허조로 정의되며, 그것의 존재론적인 특성은 '신과 기'라고 할 수 있다. 여기에서 허조가 동체라면, '신과 기' 또한 일체一體의 관계가 된다고 말할 수 있을 것이다. 이와 관련해서 「단군세기」는 "신불리기神不離氣하고 기불리신氣不離神"[26]이라고 말한다.

'신'과 '기'는 분리될 수 없는 한 몸체이다. 『태백일사』는 이를 "신은 곧 우주의 기요, 기는 허요, 허는 곧 하나이다."[27]라고 직접적으로 표현하고 있다. 이를 달리 표현하면, "일신 즉 일기[一神卽一氣]"라는 얘기다. 화이트헤드의 표현을 빌리자면, 우주자연의 본체는 하나인데, 정신적인 극에서 보면 '일신'이지만, 물리적인 극에서 보면 '일기'라는 것과 맥을 같이한다.

'기'와 '신'의 관계

문제는 우주자연의 본체가 되는, 한 몸체인 신과 기가 어떻게 묘합하여 우주만유의 현상을 이루게 하는가이다. 이를 파악하기 위해서는 우선 '신'과 '기'에 의한 창조변화의 관계망을 살펴볼 필요가 있다.

신과 기의 관계는 세 측면에서 정리해볼 수 있을 것이다. 하나는 신과 기 자체를 '안'과 '밖'의 관점에서 관계를 따져 보는 것이

---

26) 安耕田 譯註, 『桓檀古記』 「檀君世記」 <序>, 86쪽.
27) "神은 卽 氣也오. 氣는 卽虛也오, 虛는 卽一也러."(安耕田 譯註, 『桓檀古記』 「太白逸史」 <蘇塗經典本訓>, 523쪽).

고, 다른 하나는 창조변화의 주체와 객체의 측면에서, 마지막으로 체體와 용用의 관점에서 양자의 관계를 알아보는 것이다.

우선 "무릇 만물의 생명이 창조되는 바탕은 이 일기一氣이니라. 일기라는 것은 안으로 삼신三神이 있는 것이고, … 삼신이라는 것은 밖으로 일기를 포함하는 것이다."[28]라는 기록을 검토해 보자. 여기에서 일기는 우주자연이 창조 변화되는 근원의 바탕이 됨을 함의한다. 이것을 밖으로 보면 단순한 '기'라고 할 수 있기 때문에 본체는 '기'라고 할 수 있다. 하지만 그 안에는 '삼신'이 내재해 있기 때문에 본체는 '신'이라고 할 수 있다. 근원의 본체로 규정되는 '신'과 '기'의 관계에 대해서, 우리는 안에 있는 삼신이 밖에 있는 일기를 운용하여 만유생명의 창조변화를 역사해 가는 것이라고 말할 수 있게 된다. 이는, 만일 삼신이 기를 운용하지 않는다면, 만유생명의 존재가 현상으로 드러날 수 없게 됨을 함축하고 있다.

다음으로 우주자연의 창조 변화에 관한 한, 신은 작용의 주체이고, 기는 객체이다. 얼핏 유물론적인 입장에서 보게 되면 우주자연의 창조변화는 일기가 스스로 작용하여 현상으로 드러나 전개되는 과정이라고 보일 수도 있을 것이다. 그러나 기가 스스로

---

28) "부위생야자지체夫爲生也者之體가 시일기야是一氣也니 일기자一氣者는 내유삼신야內有三神也오 … 삼신자三神者는 외포일기야外包一氣也라." (安耕田 譯註,『桓檀古記』「太白逸史」<蘇塗經典本訓>, 526쪽).

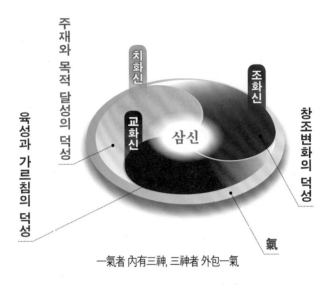

―氣者 内有三神, 三神者 外包一氣

작용하여 그리되는 것처럼 보이지만, 실은 '기' 자체가 존재의 목적성을 가지는 것은 아니다. 기의 운동변화가 목적성을 가질 수 있도록 하는 '무엇'이 있어야 한다. 그것을 신이라고 할 수 있을 것이다. 이에 대해서 「삼신오제본기」는 "삼신이 만물을 이끌어낸다."[29]고 하였다. 이는 신이 창조변화 작용의 주체가 되고, 기는 객체가 되어 현실적으로 우주자연의 창조변화가 일어남을 뜻한다.

요컨대 개별적인 인간의 생명체는 근원으로 보면 '기'의 활동으로 볼 수 있다. 즉 개별적인 생명체의 탄생은 그러한 '기'의 작용으로 말미암는데, '기'의 작용은 아무런 지향점도 없이 제멋대

---

29) "삼신三神이 유인출만물有引出萬物."(安耕田 譯註,『桓檀古記』<三神五帝本紀>, 300쪽).

로 이루어지는 것이 아니다. '신'이 들어가 작용의 주체가 되고 '기'의 활동은 객체가 되어 현실적으로 운용되는 것이 개별적인 생명체의 활동이다. '신'과 '기'의 오묘한 작용으로 말미암아 만유의 창조 변화가 이루어지는 것은 이를 두고 하는 말이다.

현상의 창조변화는 모두가 신이 들어가서 기를 주체적으로 운용해야 일어나는 것임을 증산상제는 "천지간에 가득 찬 것이 신神이니 풀잎 하나라도 신이 떠나면 마르고 흙 바른 벽이라도 신이 떠나면 무너지고, 손톱 밑에 가시 하나 드는 것도 신이 들어서 되느니라. 신이 없는 곳이 없고, 신이 하지 않는 일이 없느니라."(『도전』4:62:4-6)고 명쾌하게 정의하였던 것이다.

신은 기를 운용하여 우주만물의 창조변화를 주도적으로 이끌어간다. 이 뜻을 역으로 해석해 본다면, 천지간에 편만해 있는 기를 운용하는 신이 없다면 객체화되어 드러나는 현상, 즉 기에 의한 창조변화란 없다는 얘기다. 여기로부터 신은 창조 변화를 이끌어 가는 결정성의 주체이고, 실제로 그렇게 결정되어 객체적으로 드러나는 것은 그 바탕이 되는 기라는 것을 재확인할 수 있다.

마지막으로 '신'과 '기'의 관계를 체용의 관점에서 파악할 수 있다. 이와 관련하여 "우주의 한 기운[一氣]이 스스로 운동하여 만물이 변화하느니, 조화를 짓고[造]·육성育成으로 가르치며[敎]

· 질서 있게 다스린다[治]는 세 가지 변화를 일으키는 신이 된
· 다."[30]는 것을 검토해 보자. 여기에서 우리는 우주자연을 본체로
말하면 혼원混元한 '일기'이나 그 작용으로 말하면 조화, 교화, 치
화의 삼신임을 알 수 있다. 이 경우에서 삼신은 물론 세 신, 즉 조
화의 신, 교화의 신, 치화의 신이 각기 따로 존재함을 뜻하는 것
이 아니다. 하나의 신이 세 손길로 작용한다는 뜻이다.

문제는 삼신(조화, 교화, 치화의 신)이 어떤 방식으로 일기를 운용
하여 개별적인 생명체가 창조 변화되도록 오묘하게 작용하는가
이다. 이해를 돕기 위해 개별적인 인간의 탄생을 예로 들어보자.

인간 생명의 씨앗이 탄생하기 위해서는 모름지기 부모에게서
주어지는 음양의 조화기운(유전정보를 담은 바탕)에 작용인으로서
의 삼신이 거기에 내재해야 한다. 삼신은 조화, 교화, 치화의 본성
으로 작용하는데, 그 작용은 창조변화의 기를 운용함으로 드러
난다. 조화의 신은 인간의 형태를 갖출 수 있는 유전정보(부모로부
터 받은 음양의 기운)를 파악하여 담지하고, 교화의 신은 모체로부
터 제공되는 기운을 끌어들여 조화의 신이 파악한 정보에 맞게
정제하여 개별적인 생명체를 구성하며, 치화의 신은 기운의 과불
급을 질서 있게 조절하여 성숙한 생명체로 성장하도록 조화롭
게 이끌어 간다. 그럼으로써 태아가 형성되고, 삼신의 끊임없는

---

30) "一氣之自能動作하야 而爲造教治三化之神하시니."(安耕田 譯註, 『桓檀
古記』「太白逸史」<蘇塗經典本訓>, 522쪽).

작용으로 말미암아 인간의 모습으로 성장하게 되는 것이다.

결과적으로 우주자연은 '하나의 전체'이고, 근원으로 보면 하나, 즉 '대일'이다. '대일'의 본체는 양기, 즉 지극한 '일기 즉 일신'이라 할 수 있는데, 그 작용으로 보면 삼신이라는 뜻이다. 그렇기 때문에 삼신은 일기를 체體로 삼아 세 손길로 작용하여 무궁무진한 우주자연이 창조변화의 현상으로 전개되는 것이다.

집일함삼執一숨三과 회삼귀일會三歸一의 의미

근원의 본체가 되는 일기는 신의 세 손길로 작용하여 우주자연의 창조변화를 드러낸다. 여기에서 하나의 의문을 가질 수 있다. 우주자연의 창조변화를 이끌어 가는 신의 작용을 일신이라 하지 않고 삼신(신의 세 손길)으로 말했는데, 이는 삼신이 각기 따로 존재하여 독립적으로 작용함을 뜻하는가 이다. 이 문제를 해결하기 위해 우리는 「삼신오제본기」의 내용, "주체는 즉 일신이나 각기 따로 신이 있다는 것이 아니라 작용인 즉 삼신이다."[31]라고 정의한 것을 검토해볼 필요가 있다.

우주자연이 창조 변화되는 본체는 일기(일신)이나 '작용으로 보면 삼신'이라는 뜻을 우리는 어떻게 하면 보다 쉽게 접근하여 이

---

31) "主体則爲一神이시니 非各有三神也시며 作用則三神也시니라."(安耕田 譯註, 『桓檀古記』「太白逸史」<三神五帝本紀>, 300쪽).

해할 수 있을까. 비유가 적절하지는 않겠지만 하나의 예를 들어보자.

개별적인 인간은 하나의 몸[체]이고, 이를 논리적으로 분석하면 세 부분, 즉 머리, 몸통, 팔다리 부분으로 나눌 수 있다. 하나의 몸은 작용으로 보면 각기 세부분으로 나뉘어 유기적으로 작동한다고 볼 수 있다. 마음의 작용 또한 그와 같은 방식으로 말해볼 수 있다. 한 마음[일심]은 순수한 영적인 마음, 논리적으로 따지는 이성적인 마음, 육신의 자극에 따라 일어나는 감각적인 마음으로 분석될 수 있다. 한 몸체가 세 가지로 나뉘어 작동한다는 원리는 플라톤이 제기한 인간에 대한 분석도 이와 같은 방식이다. 즉 인간은 머리에 해당하는 이성, 가슴에 해당하는 기개氣槪, 배에 해당하는 욕정欲情이 그것이다.

하나의 본체는 작용하게 되면 반드시 세 손길로 나뉘어 역사役事한다. 이를 「태백일사」는 "셋이 하나가 됨은 그 본체가 되는 것이고, 하나가 셋이 됨은 그 작용이 되는 것이다."[32]라고 표현하고 있다. 이는 한마디로 "집일함삼執一含三, 회삼귀일會三歸一"의 논리로 말해진다. 글자 그대로 풀이해 본다면, "집일함삼"이란 하나를 잡으면 셋을 포함한다는 뜻이고, "회삼귀일"이란 셋이 모이면 하나가 된다는 뜻이다.

32) "삼일기체三一其體오 일삼기용一三其用이라."(安耕田 譯註,『桓檀古記』「太白逸史」<蘇塗經典本訓>, 500쪽).

"집일함삼", "회삼귀일"은 상수론으로 표현할 때 '삼일논리三·一論理', 혹은 '일·삼논리一·三論理'라고 규정할 수 있다. 여기에서 하나는 본체를 말한 것이고, 셋은 본체가 작용으로 드러난 것을 말한다. 이에 대하여 「태백일사」는 "하나를 잡으면 셋을 포함한다는 뜻은 그 하나가 기氣요 그 셋이 신神이라는 것이며, 셋이 모이면 하나로 돌아온다는 뜻은 역시 신이 셋이고 기가 하나가 되는 것이다."[33]라고 했다.

'삼일논리'에 근거해서 볼 때, 동방 한민족의 존재론적 사유는 삼수원리三數原理로 자리매김 된다고 할 수 있겠다. 이러한 사유를 토대로 하여 한민족은 태고적부터 우주론, 신론, 인간론, 국가 통치론 등을 정립하였던 것으로 보인다.

신관은 조화, 교화, 치화의 삼신일체의 논리로 정초된다. 이는 삼신의 작용으로 말미암아 만유의 생명이 탄생, 성장, 성숙의 과정으로 전개됨을 말해준다. 우주론은 우주자연의 근본적인 중심 틀인 하늘, 땅, 인간론으로 정립될 수 있다. 이는 곧 근원의 도道로부터 하늘의 도[天道], 땅의 도[地道], 인간의 도[人道]로 분화되어 전개될 수 있음을 함축한다. 존재론은 무극, 태극, 황극의 삼극 논리로 정립된다. 이는 우주자연이 생장염장으로 전

---

33) "소이집일함삼자所以執一含三者는 내일기기이삼기신야乃一其氣而三其神也오, 소이회삼귀일자所以會三歸一者는 시역신위삼이기위일야是亦神爲三而氣爲一也니라."(安耕田 譯註, 『桓檀古記』「太白逸史」<蘇塗經典本訓>, 525쪽).

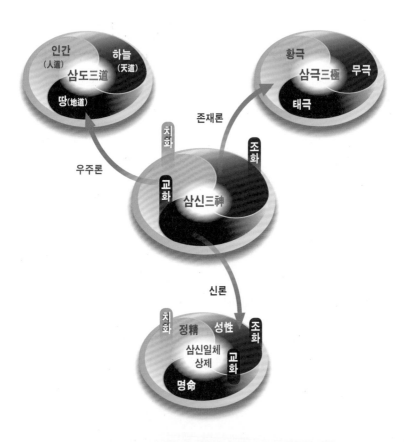

삼수원리		
신론	삼신	조화·교화·치화
존재론(이법)	삼극	무극·태극·황극
우주론(현상)	삼도	천도·지도·인도
인간론	삼관	성性·명命·정精

삼수원리에 따른 존재론, 우주론, 신론, 인간론

개되는 순환이법의 논리적 근거가 됨을 함축한다. 인간론은 '성性 · 명命 · 정精의 삼관三關으로 정립된다. 삼관은 완전히 성숙한 인간에 대한 본질적인 규정이 되는 셈이다.

3. 본체론적 근거는 삼극三極

증산도甑山道에서는 본체론에 대한 체계적인 논거를 제시하고 있다. 필자가 보기에 그것은 우주자연의 가장 근본적인 형이상학적인 진리가 되는 삼극론三極論에 기초하고 있다. 따라서 우주자연이 생장염장으로 순환하는 존재론적 근거는 삼극론이라 할 수 있다.

삼극론은 무엇인가. "천지의 이치는 삼원三元이니 곧 무극無極, 태극太極과 황극皇極이라."(『도전』6:1:1)고 하였듯이, 삼극은 '삼원三元'으로 규정되고 있다. 여기에서 '삼원三元'이라 함은 '가장 으뜸이 되는 세 가지 원리'라는 뜻이다.

이 장에서 필자는 '삼원', 즉 삼극이 어떤 의미에서 우주자연의 본체론적 진리가 되는가를 개괄적으로 분석해볼 것이다. 이 작업은 곧 우주자연이 '왜 생장염장으로 순환할 수밖에 없는가'에 대한 이법적 근거를 밝혀내는 일이기도 하다.

문제는 우주자연의 궁극적인 원리가 되는 세 원리[三元], 즉

삼극의 존재론적 원리와 생장염장의 순환이법

삼극론이 어떻게 전제前提될 수 있는가에 대한 정당성을 밝히는 것이 우선일 것이다. 이 문제를 풀어가는 출발을 필자는 우선 우주자연이 '하나의 전체'라는 명제에서 근원의 본체가 '하나'인 '신즉기神卽氣'라는 대전제를 깔고서 시작할 것이다. 그런 다음 '하나'인 근원의 본체가 어떻게 삼극으로 분석될 수 있는가를 밝히고, 삼극으로 정의되는 무극無極, 태극太極, 황극皇極에 대해 서술해볼 것이다.

'하나'와 '무無'의 관계의미 규정

앞서 밝힌 바와 같이, 필자는 우주자연을 '하나의 전체'로 보았다. 이를 『환단고기』는 '대일'로 규정했고, 그 본체의 특성을 허조虛粗라고 말할 수 있었다. 이것의 존재론적 특성을 필자는 신기神氣라고 규정했는데, '허조동체虛粗同體'라고 하였듯이, 신기는 따로 분리되어 있는 것이 아니라 한 몸체의 두 측면이다. 달리 말해서 근원의 본체는 정신의 측면에서 보면 일신이나 물리의 측면에서 보면 일기로 정의된다는 뜻이다.

'하나의 전체'는 앞서 말한 '대일大一'이다. 이는 우주론의 정수를 담고 있는 한민족의 고유 경전 「천부경」[34]에서는 근원의 수인 '하나[一]'라고 규정한다.

근원의 수인 '하나'는 무엇을 의미하는가. '하나'는 우리가 단순히 셈을 할 때 사용하는 자연수의 맨 처음, 즉 '일一'을 지칭할 수도 있다. 그러나 우주자연의 본체와 관련하여 말해 보자면,

---

34) 천부경은 81자로 구성되어 있으며, 「太白逸史」<蘇塗經典本訓>에 실려 있다. 이는 "인류의 창세 역사 시대인 환국에서 구전되어 오다 배달 시대에 문자로 옮겨진, 한민족의 최초 경전일 뿐 아니라, 인류 최초의 경전이다. 천부天符는 '하늘의 법'이란 뜻이므로, 「천부경」은 '하늘의 이법을 기록한 경전', 또는 '우주 이법의 주재자인 상제님의 천명을 기록한 경전'을 말한다."(安耕田 譯註, 『桓檀古記』 「해제」, 402쪽).

'하나'는 시작[始]과 끝[終] 간의 모든 수를 함장하는 '근원의 상수象數'를 뜻한다고 보아야 한다. 이는 곧 '하나'가 우주만물이 근원하는 '본체수本體數'가 됨을 함축한다.

'하나'는 어떤 의미에서 근원의 본체수라고 하는 것일까. 이에 대해서는 여러 측면에서 다양하게 말해 볼 수 있을 것이지만, 필자는 「천부경」 맨 첫머리에서 "일一은 시始이나 무시일無始一이요"[35]라고 한 것을 검토하는 것으로 '하나'를 개괄해 볼 것이다.

'일시一始'에서 '시始'란 '처음 시' 자이다. '시'에 내한 동사적 의미는 '시작하다, 비롯하다, 기원하다' 등이며, 명사적 의미는 '시작', '출발', '근원'을 뜻한다. 따라서 '일시'는 '하나가 시작이요, 출발이며, 근원임'을 뜻한다. 이는 우주만물이 모두 '하나'에서 출범하게 됨을 의미한다.

'무시일無始一'은 어떤 뜻인가. 그것은 글자 그대로 풀어보자면 '무無'를 어떻게 보느냐에 따라 두 측면의 해석이 가능하다. ① '더 이상의 시작이 없는 하나', ② '무에서 비롯한 하나, 무에서 시작한 하나'가 그것이다.

①의 경우는 '무'를 '무엇이 있다[有], 무엇이 없다[無]'라고 할 때, '···있다'의 상대적인 술어 즉, '없다'를 지칭하는 것으로 해석한 것이다. 만일 '무시일'을 '더 이상의 시작이 없는 하나'라고 해

---

35) 安耕田 譯註, 「桓檀古記」, 「太白逸史」<蘇塗經典本訓>, 506쪽.

석한다면, 「천부경」의 마지막 문구, "일종무종일―終無終―"은 "하나는 끝이나 끝이 없는 하나"라고 해야 할 것이다. 이 경우는 '무'의 존재를 전제하지 않게 되고, 결국 모든 수가 '하나'에서 나와 하나로 돌아간다는 의미에서 '수론數論'으로만 전개될 위험이 있다.

②의 경우는 '무'의 존재를 전제한다. 여기에서 '무'는 '완전히 없다'는 뜻의 '절대적인 무 자체'를 말하는 것이 아니라 '존재론적인 무'로, 우주만유의 본체를 의미한다. 즉 '무'는 '하나'가 존재하게 되는 근원이 된다는 의미에서 '어떤 존재성'을 뜻하게 되는데, 이를 굳이 이름을 붙여 말해본다면, 현묘玄妙하게 존재하는 공空과 같은 본체를 말한 것이다. 이 의미에서 보면, '무시일'을 곧 '무에서 비롯한 하나'라고 해석할 수 있게 된다.

'무에서 비롯한 하나'라고 할 때, '하나'와 '무'의 관계를 어떻게 규정할 수 있는가.

첫째로 '무'를 '하나'와 동일한 차원의 두 의미로 볼 수 있다. 이는 '무'가 자체로 아무런 한정이나 규정이 없는 본체가 되지만, 인식의 차원에서 수적으로 '하나[大一]'라고 본 것이다. 이와 유사한 방식의 사고는 송대의 철학자 주렴계가 「태극도설太極圖說」에서 "무극이태극無極而太極"이라고 정의한 것을 예로 들어볼 수 있다. 이는 우주자연의 근원적인 본체가 자체로 '무한한 존재[無

極]'이지만, 인식과 정의에 있어서 한계성을 가진 '하나의 존재[太極]'라고 해석할 수 있기 때문이다.

둘째로 '무'는 우주자연의 근원에 대한 '존재론적 표현'이고, '하나'는 근원에 대한 '상수론적 표현'으로 볼 수 있다. 적절한 표현은 아니겠지만, 존재론과 상수론에 대한 관계는, 우주자연의 근원이 되는 본체는 '무'이지만, 그것이 시공으로 드러날 때 처음 시작始作의 자기표현이 '하나'라는 것이다. 본체가 되는 '무', 그리고 시작이라 힐 수 있는 '하나'를 묶어서 표현히면, "무에서 비롯된 하나"라고 말할 수 있을 것이다. 이 의미에서 우주자연의 본체는 '무'이고 그 본체수는 '하나'라고 할 수 있다.

셋째로 '하나'는 우주자연에서 창조변화가 끝나는 지점[終]과 다시 새롭게 존재하기 시작하는 지점[始]으로 보고, '무'는 끝나는 지점과 다시 시작하는 지점 간의 사이에 있는 그런 존재로 보는 것이다. 이는 근원의 본체인 '무'가 시·공간 안에서 자기 현현顯現한 것을 상수로 표현한 것이 '하나'라는 말과 같다. 요컨대 존재의 차원에서 보자면, 창조변화의 끝은 완결完結이고, 이를 근원으로 하여 새로운 시작이 있게 되는데, 여기에서 '무'는 창조의 시작(하나)과 끝(하나)을 매개하는 순환의 고리가 됨을 말해준다. 그래서 우주자연의 모든 것들은 '무'를 본체로 하여 벌어졌다가 결국은 완결되어 하나로 끝나 무로 돌아가게 되고, 다시 무를 근원으로 하여 새로운 창조변화의 시작이 있게 된다고 말할 수 있는 것이다. 「천부경」의 마지막 문구, "일은 끝이나 무로 끝나는 하나[一終 無終一]."는 이를 말해주고 있다.

결과적으로 볼 때, 「천부경」에서 말하는 '무'와 '하나'의 관계는 근원의 본체를 상수로 말한 뜻으로 종합해볼 수 있다. 상수론으로 말할 때 '하나'는 우주만유의 창조가 시작이 되는 근원이지만, 본체로 말하면 '무'라는 얘기다. 달리 말해서 우주자연이 비롯되는 근원의 본체 자체는 '무'이지만, 창조변화의 본체수는 '하나'이다. 이것이 「천부경」에서 "하나는 시작이나 무에서 비롯한 하나", "하나는 끝이나 무에서 끝나는 하나"라고 규정을 내린 까닭이다.

일기 즉 삼극

'하나'로 규정되는 '근원의 본체수'는 무엇으로 정의할 수 있을까. 그것은 모든 존재와 가치에 대한 궁극의 근거가 되는 절대적인 존재로서의 하늘[天]이라고 말할 수도 있을 것이고, 허虛하지만 우주자연의 주체가 되어 "큰 덕과 지혜와 큰 힘으로 온 누리를 주관하고 만물을 가꾸는"[36] 근원의 존재로 언급될 수도 있는 것이다.

....

36) 윤해석 지음, 「친부경의 수수께끼」, 146쪽.

'근원의 본체수'는 또한 물리의 측면과 정신의 측면으로 구분하여 말해볼 수 있을 것이다. 물리의 측면으로 보면 아무런 내용도 없고 겉과 속의 경계가 없는, 천지간에 동질적으로 가득한 무한한 공空과 같은 혼원한 일기一氣가 그것이다. 반면에 정신의 측면으로 보면 실로 아무런 형체가 없지만 시공 안으로 들어와 어디에서나 존재하면서 활동하는 근원으로 일신一神이 그것이다. 따라서 '근원의 본체'는 상수로 보면 '하나'이고, 물리적인 측면으로 보면 '일기'이며, 정신적인 측면으로 보면 '일신'이라고 할 수 있는 것이다.

'근원의 본체'가 작용할 때는 어떻게 전개된다고 할 수 있을까. 앞서 밝힌 '일 · 삼 논리'에서 볼 때, 근원의 본체가 역사役事할 때에는 논리적으로 세 측면의 손길로 나뉘어 작용한다고 본다. 상수의 측면에서 본 '하나'는 '삼수三數'로 분석되는데, 삼수는 「천부경」에서 우주자연의 존재 중심이 되는 천일天一, 지일地一, 인일人一로 말하고 있다. 물리의 측면에서 본 '일기'는 '삼극三極'으로 분석되는데, 삼극은 앞서 말한 "무극無極, 태극太極, 황극皇極"을 일컫는다. 정신의 측면에서 본 '일신'은 '삼신'으로 분석되는데, 삼신은 창조변화의 덕성을 강조하여 조화造化, 교화敎化, 치화治化의 신으로 작용한다고 말할 수 있다.

문제는 '일기'로부터 삼극의 존재론적인 원리가 어떻게 도출될

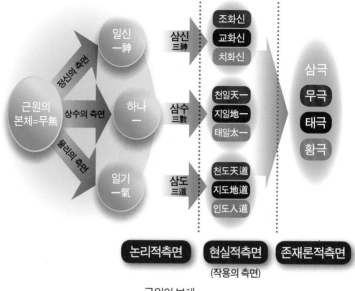

근원의 본체

수 있는가 이다.

이 문제는 한민족 최초의 상수학이라 불리는「천부경」에서 근원의 본체가 되는 것이 '무에서 비롯된 하나'라고 하면서 "석삼극析三極하여도 무진본無盡本이니라."[37]고 선언한 내용을 풀어보는 것과 같은 것이다.

여기에서 필자는 "석삼극하여도 무진본이니라"를 ① 하나의 본체가 역사할 때에 '세 손길로 나뉘어 작용'한다는 의미, ② 하

37) 安耕田 譯註,『桓檀古記』,「太白逸史」<蘇塗經典本訓>, 506쪽.

나의 본체가 되는 '일기'가 '삼극'으로 분석된다는 뜻, ③ 그럼에 도 '그 근본은 다함이 없다'는 관점의 순으로 그 의미를 밝혀볼 것이다.

① '하나'가 '셋으로 나뉜다[析三]'는 뜻은 무엇을 말함인가. 여기에서 하나가 '셋으로 나뉜다'는 뜻은 본체가 '논리적으로 세 손길로 나뉘어 작용한다'는 것이지, 실제로 '셋'으로 쪼개져 각기 독자적으로 작용한다는 의미가 아니다.

논리적으로 세 손길로 나뉘어 작용한다는 뜻은 그 셋이 하나 의 본성을 그대로 유지하고 있으면서 달리 작용하고 있음을 의 미한다. 즉 세 손길로 나뉜다는 것은 각기 존재하는 세 사람이 '하나'로 묶여 있다가 그 묶음이 풀리자 개별적으로 제각기 작용 한다는 뜻이 아니라는 얘기다. 왜냐하면 세 사람이 묶인 '하나' 는 그 본체가 하나가 아니기 때문이다. 그래서 하나의 본체가 세 손길로 나뉘어 작용한다는 것은 하나의 사람이 개념적으로 머 리, 몸통, 팔다리 세 부분으로 나뉘어 각기 작용하는 방식과 같 다. 개념적으로 나뉜 '머리', '몸통', '팔다리'는 사람의 본성을 그 대로 유지한 채 각기 그 역할을 수행할 수 있기 때문이다.

② '하나의 본체'가 '삼극'으로 분석된다는 뜻은 무엇을 의미 하는가. 여기에서 '하나의 본체'에서 '하나'는 '셋'과 관련이 있고, '무'는 '극極'과 관련이 있다. '하나'는 상수론으로 볼 때 '셋'으로

분화分化됐음을 뜻하고, '본체'는 존재론으로 볼 때 '극極'으로 전향되었음을 함축한다. 따라서 '삼극'은 상수론에서 말한 '셋'과 존재론에서 말한 '극'이 조합하여 이루어진 것임을 알 수 있다.

문제는 「천부경」에서 '하나의 본체'인 '무'가 어떻게 '삼극'으로 전향될 수 있는가 이다. 앞서 밝혔듯이, 우주자연의 근원이 되는 '무'는 자체로 아무런 한정성限定性이나 규정성이 없는 그런 본체이다. 그렇기 때문에 그것은 물리적인 측면에서 볼 때 언제 어디에나 두루 미치지 않음이 없는 그런 '허령창창한 일기'라 했던 것이다.

그런데 본체인 '무'가 만일 자체로 한정성이나 규정성이 없는 것이라면, 그것은 공空의 의미를 갖기 때문에 정의definition될 수 없다. 반면에 '극極'은 문자적으로 '다함, 지극한 경계, 끝'이라는 의미를 가진다. 이는 '극'이 규정성이나 한정성을 함축하고 있다는 뜻이다. 따라서 '극'은 정의의 필요조건이 된다. 그렇다면 '무'가 '극'으로 전환이 되어야만 '무'에 대한 파악이 가능하다는 논리가 따라 나온다.

자체로 규정성과 한정성이 없는 '무'가 '극'으로의 추이推移는 어떻게 가능한가. 그것은 '무'가 '지극至極'의 경계에 이른다면 가능하다. 무가 지극한 경계에 이르는 과정은 달리 표현하면 내적으로 일어나는 무의 '무화작용無化作用'이라고 말할 수 있을 것이다. 이는 '무'가 곧 '극'으로 전환이 됨을 시사한다. 이에 대해서

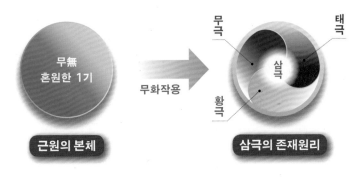

삼극으로 분화된 무無[일기一氣]

「태백일사」는 "한뿌리의 기운[一氣]으로부터 셋으로 쪼개지니 기는 곧 극이요 극은 무이다."[38]라고 밝히고 있다.

그렇다면 '무'가 지극의 경계로 전환하도록 야기하는 인자因子는 무엇인가. 그것은 일기를 운용하는 주체로서의 삼신이라고 할 수 있다. 앞서 우주자연의 본체는 아무런 형체가 없는 '공'과 같은 의미에서 '무'이지만, 우주자연에 편만해 있다는 의미에서 혼원한 일기라 했다. 또한 일기는 안으로 삼신을 포함하고 있고, 삼신은 밖으로 일기를 감싸고 있다고 했다. 삼신은 작용으로 드러날 때에는 일기를 운용하여 셋으로 작용하게 된다고 했는데, 이 과정에 무화작용이 있게 되는 것이다. 따라서 무화작용에 의해서 지극한 상태에 이른 일기는 삼신에 대응하여 세 극極으로

---

38) "自一氣而折三하니 氣는 卽極也오 極은 卽無也라."(安耕田 譯註, 『桓檀古記』「太白逸史」<蘇塗經典本訓>, 522쪽).

분화된다고 말할 수 있게 되는 셈이다.

세 극으로 분화된 것은 바로 삼신에 대응하는 삼극이다. 체용 논리로 말하자면, 무를 내용으로 하는 혼원한 일기는 본체론의 측면에서 말한 것이요, 셋으로 나뉜 삼극은 작용의 측면에서 말한 것이다. 이는 본체가 삼극이라는 존재론적 원리로 이화理化됐음을 함축한다.

③ '그 근본은 다함이 없다'는 것은 무엇을 의미하는가. 이는, '근본'이란 본체를 가리키고, '다함이 없다[無盡]'는 '무궁무진함'을 의미하기 때문에, 본체가 셋으로 나뉘어 작용한다 하더라도 그 근원의 특성이 그대로 존속해 있음을 뜻한다. 이 사실은 두 측면, 즉 본체의 측면과 물리의 측면에서 제시해볼 수 있을 것이다.

본체의 측면에서 보자면, 현상으로 드러나는 우주자연은 무궁무진하게 전개된다 하더라도 모두 근원의 본체에서 비롯되는 것이고, 또한 본체를 근원으로 하지 않는 우주자연이란 전적으로 존재할 수 없기 때문에, 본체는 항상 그대로이다. 이에 대해서 「태백일사」에서는 "무릇 하늘의 근원[혼원한 일기]이 삼극을 꿰뚫어 허하고 공하니 안과 밖이 아울러 그러한 것"[39] 이

---

39) "부천지원夫天之源이 내관삼극乃貫三極하야 위허이공爲虛而空하니 병내외이연야幷內外而然也오."(安耕田 譯註, 『桓檀古記』, 「太白逸史」 <蘇塗經典本訓>, 522쪽 참조).

라고 기술했다. 물리적인 측면에서 보자면, 생장염장의 과정으로 전개되는 우주자연은 아무리 순환 반복된다 하더라도 그 총량은 전적으로 증감增減이 없다. 오늘날 물리학에 통용되는 "질량보존의 법칙"이나 "에너지 불변의 법칙"이 이를 증거한다고 볼 수 있다.

그러므로 우주자연의 근원인 혼원한 일기는 삼극으로 분화되어 작용하고, 삼극은 우주만유의 현상이 생장염장의 과정으로 순환하게 되는 존재론적 근거가 된다. 존재론적 근거에 대한 파악은 인식과 정의를 제공한다. 따라서 삼극은 우주만유의 존재원리存在原理가 되는 것이고, 변화론으로 말하면 생장염장의 과정으로 진행되는 우주자연의 순환이법循環理이 되는 것이라고 할 수 있다.

신의 작용 이법은 삼극

우주자연을 생장염장의 과정으로 이끌어가는 작용의 주체는 신神이다. 신을 우리는 무엇이라고 명확하게 규정할 수 있을까. 고대 동양에서 우주자연에 대한 형이상학적 탐구의 결산이라 할 수 있는 『주역』은 "음양을 측정할 수 없는 것은 신神이다."[40]라고 했다.

----

40) "陰陽不測之謂神"(『周易』「繫辭 上」五章).

신은 자체로 무엇이라고 정의될 수 있는 대상이 아니다. 왜냐하면 그것은 자체로 일정한 형체를 가지는 것도 아니며, 양에 부합하여 있다가도 음에 부합하여 있는 것이 신이기기 때문이다. 하지만 변화의 극치를 이루게 하는 것은 신이다. 이는 신이 창조변화의 주체가 되어 신묘神妙하게 작용함으로써 우주만유가 생장염장의 과정으로 순환하도록 이끈다.[41]는 뜻이다.

그런데 우주자연의 창조변화[造化]를 일으키는 신의 신묘한 작용은 세 손길, 즉 앞서 말한 조화의 신, 교화의 신, 치화의 신으로 나뉘어 역사한다. 신의 창보 변화의 작용은 아무런 질서도 없이 제멋대로 일어나는 것일까. 아니다. 그것은 삼극, 즉 무극, 태극, 황극의 존재이법에 부합해서 작용하는 것으로 파악할 수 있다. 즉 조화의 신은 무극에, 교화의 신은 태극에, 치화의 신은 황극에 부합하여 작용한다고 보는 것이 그것이다.

필자는 신의 신묘한 작용을 삼극론에 의거해서 파악할 수 있다고 본다. 삼극의 원리는 신의 이법화理法化라고 부를 수 있겠는데, 이는 곧 작용의 주체인 신의 세 가지 덕성이 객체화되어 드러

---

41) "그러한 까닭을 알지 못해서 신神에 비유하였으니 이로써 태극으로부터 시작해서 양의兩儀를 밝히고, 신神을 칭해서 변화의 극치를 말했다. 저 하늘의 하는 바를 아는 자는 이치를 궁구하고 변화를 체득하며 앉은 채로 잊어 따지는 것을 버리며 (자신을) 텅 비워 (외물에) 잘 응한 즉 도道라 호칭하고, 생각하지 않아도 현묘玄妙하게 비추니 신이라 이름하니 대개 도에 바탕해서 도와 동화하고 신에 말미암아 신에게 명합冥合하는 것이다."(임채우 옮김, 『주역 왕필주』, 506쪽).

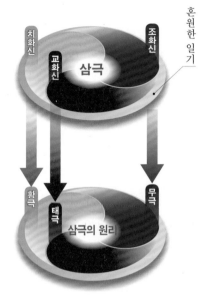

난 것으로 볼 수 있기 때문이다. 따라서 신묘하게 작용하는 신은 삼극론에 의거하여 인식될 수 있게 되는 것이다.

조화의 신이 이법화된 것은 무극이다. 무극은 우주자연이 비롯되는 근원의 본체이다. 무극은 본체의 특성에서 보면 우주자연이 창조 변화하는 근원의 바탕이지만 현상의 측면에서 보면 성숙의 원리라는 의

조화, 교화, 치화의 신이 이화理化된
삼극의 원리

미를 내장하고 있다. 교화의 신이 이법화된 것은 태극이다. 태극은 우주자연이 변화하여 전개될 생장의 본체라 할 수 있다. 태극은 본체의 특성에서 보면 대립적인 두 힘[陰陽]으로 작용하지만, 현상의 측면에서 보면 음양운동의 원리라 할 수 있다. 치화의 신이 이법화된 것은 황극이다. 황극은 우주만물이 생장의 정점에 이르도록 이끌어 가는 운동의 본체라 할 수 있다. 황극은 본체의 특성에서 보면 무극과 태극을 조율하는 힘으로 작용하지만, 현상의 측면에서 보면 분열과 통일을 이루도록 하여 만유를 성숙

(목적)으로 이끌어 가는 주재의 원리라 할 수 있다.

삼극(무극, 태극, 황극)의 연속성

우주자연의 존재론적 근거는 삼극의 원리로 정립된다. 무극, 태극, 황극은 우주자연의 존재론적 근거이자 궁극의 원리가 되는 셈이다.

이에 대해서 하상역河相易은 이렇게 규정하고 있다.

"왜 무극이라 하는가? 그것은 천지에 무형이 비롯됨이니, 혼연한 하나의 이치로서 수많은 상象을 포함해도 어긋남이 없으면서 아무런 조짐이 없는 것이기 때문이다. 왜 태극이라 하는가? 그것은 천지에 유형이 처음으로 있으니, 지극히 정치한 하나의 기氣로서 모든 이치를 포함하여 최초로 만물을 낳기 때문이다. 왜 황극이라 하는가? 그것은 오행의 바탕이 갖추어지고 천지음양 변화의 지극한 공능이 조화를 이루기 때문이다. 태극은 무극이 없으면 본체가 없고, 무극은 태극이 없으면 작용할 수 없다. 무극과 태극은 황극이 없으면 이룰 수 없고, 황극은 무극과 태극이 없으면 존립하지 않는다. 3극의 이치는 역시 혼연히 합일된 것으로 원래 나눌 수 없는 것이지만, 억지로 이름 붙여서 3극이라 한 것이다."[42]

---

42) "何謂之无極、天地无形之始、渾然一理、包含万象而冲漠、無朕是也、何謂之太極、天地有形之初、至精一氣、包含万理而、藹然始生、是也、何謂之皇極、五行

무극은 전체적인 바탕과 성숙의 존재 원리이고, 태극은 생장의 기운과 운동의 원리이며, 황극은 조율과 성숙(목적)으로 이끄는 주재의 원리이다.

문제는 이 세 원리가 각기 독립하여 따로 존재하는 것인가, 아니면 연속적인 하나의 과정에 대한 세 측면의 분석인가 하는 점이다.

무극, 태극, 황극은 하나에 대한 연속적인 과정으로 순환의 존재 원리라고도 할 수 있다. 이를 우리가 검증할 수 있는 방법은 없을까.

무극의 존재는 자체로 창조변화의 전체적인 본원本院이지만, 그 본성은 태극의 '공空'을 창조하는 것이다. 이것은 무극의 외화작용外化作用이라 할 수 있겠는데, 이 과정은 창조의 모든 정보가 마무리되는 단계이고, 그 끝이 바로 태극의 공이 되는 셈이다. 그것은 바로 현실적으로 창조변화가 일어나는 시작점이기 때문이다.

태극의 공은 창조된 씨앗이 생장 직전의 상태를 지칭하는 것으로 무극의 외화작용의 끝이자 태극의 내변작용內變作用의 출범이라고 할 수 있다. 태극의 내변작용은 출발을 위한 준비단계라

質具而調和天地陰陽變化之極功、是也、太極、無无極、無體、无極、無太極、無用、无極太極、無、皇極、不成、皇極、無无極太極、不立、三極之理、亦渾然合一、原不可分也、强而名分曰三極也，"(河相易、『正易圖書』、9쪽)

볼 수 있다. 그리고 그 출발은 음양의 기운으로 말미암아 만유생명을 낳아서 기르는 외화작용으로 전개된다. 즉 생장분열의 활동이 그것이다.

황극은 무극에서 출범한 태극(음양)의 외화작용을 조율하여 생장의 분열과 통일의 성숙에까지 이끌어가는 힘이다. 황극 또한 내변작용에 의한 음양의 조율과 외화작용에 의한 주재 원리를 포함한다. 음양의 분열 기운이 조금이라도 남아있으면 아직 황극이고, 분열 기운이 수렴 통일의 기운으로 전환되는 직후부터 다시 무극의 내변작용이 시작된다.

무극, 태극, 황극의 연속적인 순환 관계를 시간성의 차원에서

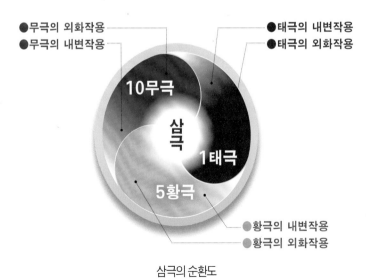

삼극의 순환도

말하자면, 무극의 '열림'은 태극이고, 태극은 바로 천지만물이 태동하는 음양질서의 열림이다. 그리고 황극은 무극의 열림으로써 전개되는 태극을 본체로 하여 우주만유를 조화롭게 성장하도록 주재하며, 성숙 직전에 까지 이끈 다음 다시 무극으로 넘겨주는 원리라고 볼 수 있다.

이와 같이 삼신의 작용이 이법화된 존재론의 진리, 즉 삼극론은 고도의 추상으로 파악되는 존재론적 원리이기 때문에 단순한 이성적 사유의 신념으로 받아들이기에는 너무도 난해하다. 어떻게 하면 삼극론의 원리를 보다 쉽게 이해해 볼 수 있을까. 비유가 적절할지는 모르겠지만, 건축능력을 가진 어떤 기술자가 여러 가지 재료를 동원하여 제법 쓸만한 집을 건축한다고 해보자.

기술자(창조주)는 건축에 들어가기에 앞서 집을 어떻게 만들어야 인간에게 유용한 은신처로 활용할 수 있을 것인가에 대한 목적을 먼저 염두에 둔다. 우선 목적에 적합한 집을 건축하기 위해서 제작자는 어떤 재료와 도구들을 활용할 것인지에 대한 정보를 파악하고 수집한다. 그런 후에 어떻게 만들어야 가장 유용하고 근사한 집이 될 것인가에 대한 설계에 들어간다. 이 과정을 무극의 내변작용이라 볼 수 있다. 그리고 집을 건축하기 위한 전체적인 자료 준비와 설계도가 그려지면 곧 마지막으로 점검의 과정으로 진입하게 되는데, 이 상태를 무극의 외화작용으로 볼 수 있다. 자연적인 생명 창조의 경우에서 무극의 내변작용과 외화작용은 조화신의 작용에 의한 것이라 볼 수 있고, 조화신이 이법화된 것이 무극의 원리라 할 수 있다.

그 다음에 기술자는 준비된 자료를 가지고 설계도에 따라 집을 실제로 건축하는 단계에 진입하게 되는데, 제작자는 맨 먼저 제작활동에 적합하게 사용될 수 있는 재료와 도구들을 선택하고, 활용될 재료와 이에 적합한 도구들을 순서대로 정리하여 집을 짓기 시작 직전에 이른다. 그러나 집을 짓는 활동은 아직 보이지 않기 때문에, 이 상태는 태극의 '공'이라 하고 그 과정은 태극의 내변작용이라 볼 수 있다. 그런 후 기술자는 설계도에 기록된 정보에 따라 재료들을 실제로 규격에 맞게 자르고 가공하면서 순차적으로 하나씩 짜 맞추는 작업공정으로 들어간다. 이것이 실제적인 건축 작업의 시작이다. 이 과정은 태극의 외화작용으로 볼 수 있다. 자연적으로 산출되는 모든 것은 바로 음양의 기운(에너지)이 동정의 리듬을 통해 형상화되는 과정이다. 태극의 내변작용과 외화작용은 교화신의 작용에 의한 것으로 볼 수 있고, 교화신이 이법화된 것이 태극의 원리라 할 수 있다.

그리고 건축 기술자는 설계 정보에 따라 집이 건축되어 가는 과정에서 자료들이 제자리를 찾아 잘 가공되고 있는지, 이것들이 제대로 짜여가고 있는지를 전체적으로 조율하게 되는데, 이는 황극의 내변작용으로 볼 수 있다. 그러면서 시작부터 마지막 단계에 이르기까지 마름질하여 제작의 목적 달성으로 이끌어 가게 되는데, 이 과정은 황극의 외변작용으로 볼 수 있다. 자연적으로 창조되는 경우에서 황극은 무극의 존재 정보에 따라 태극의 음양 동정의 과불급을 조율하면서 정상적인 성장으로 이끌어 결국 창조의 목적에 도달할 수 있도록 주재하는 원리가 된다. 황극의 내변작용과 외화작용은 치화신의 작용에 의한 것으로 볼 수 있고, 치화신이 이법화 된 것이 황극의 원리라 할 수 있다.

제작자에 의해 인위적으로 만들어지는 것이든, 조화(창조변화) 삼신의 작용에 의한 자연적인 창조변화과정으로 진입하는 것이든, 현실적으로 생장하는 것들은 이런 공정과정을 거침으로써만 일정한 목적물로 형상화된다고 볼 수 있다. 이러한 의미에서 삼신의 조화작용이 이법화理法化된 존재론의 진리는 삼극, 즉 무극, 태극, 황극의 원리로 정립될 수 있고, 이를 근거로 해서 우리는 모든 것들이 창조, 성장, 창조의 목적에 도달, 그리고 새로운 창조라는 방식으로 순환하게 됨을 인식할 수 있게 된다.

Ⅲ. 무극無極, 태극太極, 황극皇極에 대한 원리 구명究明

증산도의 우주론은 모든 현상이 펼쳐지는 근원의 본체가 '신 즉기'임을 전제한다. 신과 기는 동전의 양면과 같다. 우주자연의 창조변화 과정은 물리의 측면에서 보면 기의 작용으로 보이지만, 정신의 측면에서 보면 신의 작용이라 볼 수 있다는 뜻이다. 신이 없는 기는 존재 의미가 없고 기가 없는 신은 공허하다.

우주자연의 창조변화[造化]는 신과 기의 묘합妙合에 의해 이루어지는데, 신은 기를 운용하여 생장변화를 이끄는 주체가 되고, 기는 신의 작용에 의해 구체화되어 현상세계의 객체로 드러나 펼쳐지는 것이라고 말할 수 있다.

작용의 주체가 되는 신은 조화, 교화, 치화의 신으로 나뉘어 작동하고, 작용의 객체가 되는 기는 무극, 태극, 황극의 원리로 나뉘어 전개된다. 이는 앞서 밝혔듯이, 조화의 신이 이법화된 것이 무극의 원리가 되고, 교화의 신이 이법화된 것이 태극의 원리가 되며, 치화의 신이 이법화된 것이 황극의 원리가 됨을 뜻한다.

증산상제는 신도적 차원의 경계를 언급할 적에 무극신無極神

· 태극신太極神 · 황극신皇極神을 말하기도 하는데, 이는 신도 우주론을 근본으로 해서 신기神氣의 묘합적 측면을 강조하여 말한 것이다. 그러므로 증산도의 우주론은 원리로 볼 때 '삼신 즉 삼극'의 시스템으로 전개되고 있고, 이를 근거로 해서 우주자연의 삼라만상이 생장염장의 과정으로 순환하게 됨을 밝힌 것이라고 볼 수 있다.

필자가 이 장章에서 다루려는 제한된 범위는 무극 · 태극 · 황극이라는 삼극의 존재론적 원리를 보다 정밀하고 세부적으로 구명하는 것에 한정한다.

우선 『도전』에서 전하는 내용을 소개하면서 논의에 들어가 보자.

"천지의 이치는 삼원三元이니 곧 무극無極, 태극太極과 황극皇極이라. 무극은 도의 본원本源이니 십토十土요, 태극은 도의 본체로 일수一水니라. 황극은 만물을 낳아 기르는 생장生長 운동의 본체이니 오토五土를 체體로 삼고 칠화七火를 용用으로 삼느니라. 우주는 일태극수一太極水가 동動하여 오황극五皇極의 생장운동을 거쳐 십무극十無極에서 가을개벽의 성숙 운을 맞이하느니라." (『道典』 6:1:1-4)

우주만유가 존재하게 되는 근거의 원리는 삼극론이다. 삼극론은 두 측면에서 결정적으로 중요한 위치를 점유한다. 하나는 증산도에서 전하는 신도적 차원의 우주론을 학적 인식으로 끌어올릴 수 있는 계기가 된다. 그것은 우주자연에서 신의 작용을 곧 삼극의 원리로 파악할 수 있기 때문이다. 다른 하나는 우주자연의 삼라만상이 생장염장의 과정으로 순환할 수밖에 없는가에 대한 변화론적 근거를 마련할 수 있다는 점이다. 생장염장의 순환 변화이법은 바로 삼극론에 근거하여 정의될 수 있기 때문이다.

1. 무극無極의 원리

동서고금東西古今을 막론하고 인간 역사가 시작된 이래 철학자들이 지속적으로 물어왔던 난제중의 난제는 '우주자연은 어떻게 해서 존재하며, 끊임없이 창조변화의 과정을 지속하는가.'하는 우주론적인 물음 내지는 '진정으로 존재하는 것은 무엇인가.' 하는 존재론적인 물음이었다.

이런 거창한 물음을 놓고 씨름했던 근본적인 이유 중의 하나는 아마도 우주 삼라만상들의 정교한 운행과 질서에 경탄과 숭고함을 금하지 못했다는 것과 동시에 우주의 근본적인 구조 안에서 인간의 존재와 그 입지를 확인하려는 의도였을 것이다. 그런 까닭에 철학자나 사상가들은 변화무쌍하며 다양하게 전개되어 나오는 우주 만물들이 거기에서 생겨나서 다시 거기로 돌아가는 바의 것, 즉 우주의 궁극적이고 가장 근원적인 존재가 무엇인가를 밝히려고 무던히도 애써왔던 것이다.

'우주가 어떻게 해서 존재하며, 끊임없이 창조변화의 과정을 지속하는가.'의 물음과 관련하여, 증산도 『도전』은 "태시太始에 하늘과 땅이 '문득'[43] 열리니라. 홀연히 열린 우주의 대광명 가운데 삼신이 계시니, 삼신三神은 곧 일신一神이요 우주의 조화성신이니라. 삼신께서 천지만물을 낳으시니라."(『道典』1:1:1-3)고 전한다.

이 문구를 보다 정확히 이해하기 위해서는 '태시太始'라는 시점과 하늘과 땅이 '문득' 열리게 된 근원에 대한 것, 그리고 우주 만물을 낳으시는 조화 성신으로서의 신神을 먼저 알아두어야 할 것이다. 즉 우주론을 구명하는 데에 있어서는 '삼신三神은 곧 일신一神'이라고 할 때의 '신'의 문제와 태시에 우주가 어떻게 열렸는가에 대해 사유의 초점을 맞출 필요가 있다는 얘기다.

'태시'란 맨 처음 하늘과 땅[天地]이 열리는 시점을 표현한 말이다. 여기에서 당장 문제가 되는 것은 태시가 일컫는 '시점의 이전'을 무엇으로 규정할 수 있는가 이다. 그 이전은 시원개벽始

---

43) '문득'이란 개념은 '홀연히'란 개념과 같은 의미이다. 이런 개념들은 최초 우주의 생성의 문제와 관련하여 현대 물리학에서 권위 있게 받아들여지고 있는 "대폭발Big Bang" 이론과 비교하여 이해하면 좋을 것이다.

原開闢이 있기 전의 상태로 천지는 물론이고 시간과 공간도 없는, 굳이 이름을 붙여본다면 '무無의 조화 경계'[44]라고 말할 수 있을 뿐이다. 이 경계에서 하늘과 땅이 '문득' 열렸다는 것이다.

하늘과 땅이 '문득 열렸다'는 것은 무엇을 말하는 것일까. 그것은 물론 전지전능한 창조주의 신神이 먼저 존재하고, 다음에 그 신이 천지와 삼라만상을 의지에 따라 임의적으로 창조했다는 뜻이 아니다. 시時·공간空間이 전혀 없는 무無의 경계에서 하늘과 땅이 열림과 동시에 시·공간이 출현하였고, 시·공간 안에서 우주의 조화 성신인 '삼신즉일신三神卽一神'이 천지 만물을 낳으셨다는 뜻이 그 핵심이 될 것이다.

삼신이 천지만물을 '낳으셨다'는 뜻은 물론 '삼신즉일신'이 천지 만물을 '창조했다'는 의미가 아니라, 오히려 천지 만물의 '근원根源'(arche)이 되는 본체가 있고, 이로부터 현상의 다양한 우주자연이 창조되었음을 강조하여 표현한 것으로 보아야 할 것이다.

'근원'의 본체란 무엇을 말하는가. 그것은 존재론의 측면에서 말해 본다면 무극無極이라 볼 수 있다. 무극은 근거를 찾아 논리적인 사유를 통해 추적해볼 때 더 이상의 전제가 없다는 의미에서 '무전제의 전제'로 이해할 수 있고, 또한 시원적이고 전

44) 문계석, 『생명과 문화의 뿌리 삼신』, 20쪽 참조 : 『列子』「天瑞編」, 二章 참조.

체적이라는 의미에서 '전포괄적 존재'로 정의할 수 있을 것이다.

1) '무전제無前提의 전제前提'로서의 무극

무존재無存在의 존재

태시太始에 하늘과 땅이 '문득' 열리기 전에는 아무 것도 없었던 것일까, 즉 '절대적인 무無'였을까 하는 의문을 던져볼 수 있다. 논리적으로 볼 때, 아마 절대적인 무는 아니고 '그 무엇'으로 있었을 것이라고 추측해볼 수 있을 것이다. 왜냐하면 만일 '절대적인 무'였다면 이로부터 어떠한 것도 절대로 있을 수 없을 뿐더러 하늘과 땅이 '문득' 열렸다는 주장도 논리적으로 성립될 수 없기 때문이다.

이 논거에 의거해서 서양의 고대 자연철학자들은 우주자연에 대한 탐구의 대전제를 설정하였는데, 그것은 생겨나는 것이 무엇이든 간에 "무로부터 생겨날 수 없고, 무로 파괴될 수 없다"는 근본 공리였다.[45] 이 공리를 역으로 말해본다면, 현상계의 현존하는 것들은 모두가 '그 무엇'으로부터 생겨나고, 현상계에서

---

45) "to gar meden ek me ontos gignesthai, pan d'eks ontos, schedon hapanton esti koinon dogma ton peri physeos."(Aristoteles, Metaphysics, II, 6권, 1062 b 24-26).

사라질 경우에 그것이 절대적으로 파괴되어 없어지는 것이 아니라 우리의 시야에서 사라졌을 뿐, 반드시 '그 무엇'으로 돌아간다는 것을 함의한다.

'그 무엇'은 양量으로 환산하여[計量] 말해볼 때 절대적으로 증가하거나 감소하는 것이 아니라[不增不減], 항존恒存하는 것이다. 이런 사고에서 추론된 근본 공리는 특히 서양 철학의 비조라 불리는 탈레스Thales를 비롯하여 파르메니데스Parmenides, 원자론자들Atomists, 그리고 근대의 자연과학자들에게 학문탐구의 대전가 되었다. 이를 토대로 해서 오늘날 우리가 익히 알고 있는 자연과학 분야의 "질량보존의 법칙"이나 "에너지 보존 법칙"이 도출되었던 것이다.

'그 무엇'은 무엇을 지칭하는 것일까. 우리는 그것을 '무無의 경계'에 있는 것으로 규정해볼 수 있겠는데, 이는 '절대적인 무'를 지칭하는 것이 아니다. 왜냐하면 '절대적인 무'란 생각될 수도 말해질 수도 없기 때문이다. 만약에 어떤 자가 '절대적인 무'와 같은 것이 틀림없이 존재한다고 굳이 주장한다면, 절대적인 무도 '있기[存在]' 때문에 그런 주장이 성립할 수 있을 것이다. 다시 말해서 '무의 경계'에 있는 것은 '그 무엇'으로 존재하는 것이기 때문에 존재의 범주에 들어가야 한다는 것이다. 이를 일컬어 '무존재無存在'가 아닌 '무존재의 존재'라고 말해보자.

'무존재의 존재the Being of the non-being'[46]란 말의 논리는 서양 고대철학자 파르메니데스에 기원을 두고 있다고 본다. 그에 따르면, "존재"는 자체로 생성소멸生成消滅이 불가능하다는 것인데, 만일 어떤 것이 생겨났다면, 그것은 절대로 없는 것으로부터 생겨나거나 있는 것[存在]으로부터 생겨나야 한다. 그런데 생겨나는 모든 것은 절대로 없는 것으로부터 생겨날 수 없다. 이는 동일률의 모순일 뿐만 아니라 기본 공리를 위배하는 것이기 때문이다. 그래서 생겨나는 모든 것은 존재하는 것으로부터 생겨나야 하는데, 그러나 존재로부터 있는 것이 생겨났다고 주장하는 것은 무의미하다. 왜냐하면 있는 것이 있는 것으로부터 생겨났다고 해야 하기 때문이다. 없어지는 경우에도 마찬가지이다. 그러한 의미에서 만일 '무존재無存在the non-being'가 있다면 이 것도 존재하는 것이기 때문에 '존재의 범주'에 속한다.

'무無'로서의 '무존재의 존재'

'무존재의 존재'는 '무의 경계'에 있는 것으로 '절대적인 무'가

---

46) '無存在의 存在the Being of the non-being'란 개념은 서양 고대 철학자 파르메니데스Parmenides가 "존재the being"란 생성 소멸이 불가능하며 영원하다는 것을 논증할 때 추론되어 나올 수 있었던 개념이다. 이러한 사고를 기반으로 하여 원자론자들Atomists은 파르메니데스의 "존재" 개념을 "원자原子"로 "무존재the non-being"의 개념을 텅 빈 "공간空間"으로 취급하여 생성 세계의 모든 것을 설명하고 있다.(John Burnet, Early Greek Philosophy, 173-176쪽 ; 333-338쪽 참조).

아니라 존재의 범주에 속한 것이다. 그것은 자체로 일정하게 현존하는 것이 아니지만, 그러나 앞으로 일정한 모습으로 구체화되어 드러나게 될 현상의 존재 근거, 즉 우주자연이 근원하는 본바탕이다.

우주자연의 본바탕으로 "무無"를 말하는 학자가 있다. 노자老子가 대표적이다. 그는 만물이 태어나는 바의 근원적인 본바탕을 종종 '무'라는 말로 표현하고 있기 때문이다. "천하 만물은 유有에서 생하고 유有는 무無에서 생한다."[47]는 주장이 그것이다. 우주자연의 일정한 현상은 바탕이 되는 '무'로부터 생겨나는 것이지 '절대적으로 없는 것'으로부터 생겨나는 것이 아니라는 얘기다.

문제는 천지만물이 생겨나는 바의 '유'와 본바탕이 되는 '무'는 어떤 관계인가 이다. 이는 본바탕이 되는 '무'를 굳이 이름[名]을 붙여 본다면 곧 '유'라고 할 수 있음을 함축한다. '무'의 존재에 대한 표현이 '무존재의 존재'라는 의미에서 '유'가 된다는 얘기다. 그래서 그는 "무無는 천지의 시초를 일컬으며, 유有는 만물의 모태임을 일컫는다."[48]고 말했던 것이다.

---

47) "天下萬物生於有, 有生於無."(임채우 옮김, 『왕필의 노자』, 40장). 이 내용은 주자朱子의 입장과 다르다. 주자는 무극無極과 태극太極을 동일하게 취급하려는 입장이다.(오하마 아키라, 이형성 옮김, 『범주로 보는 주자학』, 88쪽에 대한 논의를 참고할 것).

48) "無名天地之始, 有名萬物之母."(임채우 옮김, 『왕필의 노자』, 1장). 그런데 오강남 선생님(오강남풀이, 노자의 『도덕경』, 21쪽과 176쪽)의 설명을 보면 혼란스런 부분이 있다. 이는 노자 『도덕경』 1장과 40장의 해석상에서 일어나

천지의 시초가 되는 '무'는 우주자연이 비롯하는 본바탕으로서의 '그 무엇', 즉 '무존재의 존재'이다. 이는 존재론적인 의미에서 '어떤 존재[유]'이기 때문에 이를 근원으로 해서 천지만물이 창조변화의 과정으로 돌입하게 된다고 볼 수 있는 것이다.

'무존재의 존재'와 관련하여 한민족의 최초 경전인 『천부경』에서는 어떻게 정의되고 있을까. 앞서 밝혔듯이, 『천부경』의 "일시무시일一始無始一"에서 '하나一'는 노자가 말한 '유'에, 그 '하나'가 비롯하는 '무無'는 노자의 '무無'에 대응하여 이해할 수 있을 것이다. 『천부경』의 '무'와 노자의 '무'는 개념과 그 특성에 있어서 '무존재의 존재'와 같은 것으로 볼 수 있기 때문이다. 이러한 표현은 아마 우주자연의 근원이 되는 본체, 즉 본바탕에 대한 극치의 표현일 것이다.

그러므로 『도전』에서 "태시에 하늘과 땅이 '문득' 열리니라."고 할 때, 바로 이 '무'의 경계에 있던 존재, 즉 근원의 '본체'로부터 한꺼번에 하늘과 땅[天地]이 열렸다고 말할 수 있게 된다.

'무'의 경계에 있던 본체는 어떻게 해서 하늘과 땅으로 갑자기 열리게 되었을까. 이를 보다 체계적으로 이해하기 위해서는 현대의 표준적인 물리학에서 우주 창조의 기원으로 인정되고 있는

는 것인데, '무'의 개념을 1장에서는 왕필과 같은 맥락에서 해석하고 있으나 40장에서는 '절대적인 무'로 간주하고 있다. 어떤 의미에서 절대적인 무라고 생각했는지는 의심스런 면이 있다.

"대폭발설Big Bang Theory"에 비유해서 말해 볼 수 있을 것이다.

"대폭발설"은 1940년대 말엽에 프리드만(G. Friedmann)과 가모프(G. Gamov)가 세운 이론으로 현재 과학계에서 통용되고 있는 표준 우주 모형이다. 이 이론에 따르면, 아주 먼 옛날 어느 '유한한' 시점에 우주자연의 전체는 엄청난 밀도를 지닌 '그 무엇'이 있었고, 이는 시간과 공간조차도 없었던 일종의 "우주알cosmig egg"이었다. 이 우주알은 점차로 너무 압축되어 급기야 폭발할 지경에 이르게 되었는데, 폭발 직전의 초고밀도 상태인 "특이점singularity"[49]이라 부르고 있다.

'특이점'은 하나의 정돈된 사건이 아니라 시·공간도 없고 어떠한 물체도 없는 무한 밀도와 무한 온도의 상태를 일컫는다. 이런 의미에서 본다면 '특이점'은 시간과 공간, 더불어 '무의 경계'와 동일 선상에서 이해될 수 있을 것이다. 이는 곧 '무존재의 존재'와 같은 차원에서 이해될 수 있다는 뜻이다.

특이점에 이른 우주알은 아무런 까닭이 없이 순간적으로 '급팽창Inflation'이 일어나게 됐고, 무의 경계선에서 급기야 폭발하게 됐다. 이로부터 우주자연을 이루게 되는 모든 것이 동심원상에서 사방으로 일정하게 진행되었다고 한다. 이 말은 무한대의 온

---

49) Paul Davies, God and New Physics, 유시화 옮김, 『현대 물리학이 발견한 창조주』, 33, 62쪽 역주 참조 ; '빅뱅'에 의한 우주 창조에 대해서 대한 보다 상세한 설명은 문세석, 『생명과 문화의 뿌리 三神』, 23-27쪽을 참조할 수 있다.

도와 압력으로 인해 시·공간은 물론 물질들이 무無의 경계에 있다가 폭발과 더불어 시·공의 창조 및 동시에 물질들이 창조되어 오늘날의 우주를 형성됐음을 뜻한다. 이와 같은 우주자연의 창조에 대한 상황묘사에 대해 증산상제는 "'천지가 간방艮方으로부터 시작되었다.'하나 그것은 그릇된 말이요, 24방위에서 한꺼번에 이루어진 것이니라."(『도전』6:83:3)고 했다.

무전제無前提의 전제前提

형이상학적의 의미에서 본다면, 이러한 '무'는 아직은 어떠한 존재의 질서도 갖지 않은 상태이지만 앞으로 다양한 것으로 규정되어 존재할 수 있는 우주 삼라만상의 본원적인 바탕자리이다.

본원적인 바탕자리로서의 '무'가 비롯하는 '더 이상의 근원적인 것'은 없을까 하는 의문을 던져볼 수 있을 것이다. 그러나 더이상의 근원을 설정하는 것은 무의미하다. 만일 이보다 선행의 바탕자리의 존재를 가정한다면 이는 무한 후퇴에 빠지게 될 것이기 때문이다. 말하자면 '무'를 성립하게 하는 바탕자리로서의 '어떤 것'이 있어야 하고, '어떤 것' 또한 바탕자리로서의 '또 다른 어떤 것'을 전제하여야 하며, 따라서 그 바탕지리의 원인을 찾아 계속적으로 거슬러 올라가야 한다는 것이다.

그러므로 근원적인 바탕자리로서의 '무'는 더 이상의 전제前提를 요구할 수 없는 궁극의 존재여야 한다는 것을 우리는 확정지을 수 있게 된다. 이러한 '무'는 더 이상의 전제가 없다는 의미에서 '무전제無前提의 전제前提'라고 규정할 수 있다.

물리적인 측면과 정신적인 측면 모두를 포함하는 우주자연의 모든 것들은 '무전제의 전제'에 근거를 두고서 현상現象되고 변화해 간다. 이는 '무전제의 전제'가 모든 만물이 생성변화하게 되는 시원始原으로서 모든 존재 가능성을 머금고 있는 '무의 조화 세계의 경계'임을 함축한다. 이를 도가道家에서는 자주 "혼돈混沌"[50]이라는 말로 표현한다. 여기서 '혼돈'이란 말은 혼잡하다거나 무질서하다는 식의 부정적 의미인 '카오스chaos'만을 뜻하는 것이 아니다. 그것은 천지가 열린 태시太始 직전의 상태, 즉 '아직 한정되어 있지 않은 그 무엇', 아무 것도 생겨나지 않은 미발未發의 상태를 지칭하는 뜻에서 혼混 혹은 혼돈인 것이다.[51]

도가에서 말하는 것처럼 '무전제의 전제'는 '혼돈'과 같은 '무

---

50) 노자나 장자의 철학에서는 이 '혼돈'을 모든 것의 시원으로 본다. 통전적, 통일적 실체로서 모든 가능성을 그 속에 머금고 있는 '그 무엇'이다.(노자老子,「도덕경道德經」25장章 참조)

51) 安耕田,「이것이 개벽이다」上권, 242쪽 참조. 이와 관련하여 창조는 "혼돈chaos"으로부터 "질서kosmos"로의 전환이다. 혼돈으로부터 창조가 어떻게 출현하는가에 대한 형이상학적 근거는 그리스 철학자 아낙시만드로스 Anaximandros의 "무한정자apeiron"(혼돈混沌과 같은 상태의 것)와 "한정자 peiron"의 이론을 비교분석해 보면 보다 쉽게 이해될 것이다.

의 조화세계의 경계'이기 때문에, 우주자연의 대생명력大生命力이 화생化生되어 변화해 가는 근원의 바탕이 된다. 천지 만물은 이 '무의 조화세계의 경계'에 뿌리를 두고서 생성되어 일정한 방식 으로 무상하게 변화해 갈 수 있게 된다는 것이다.

'무전제의 전제'가 되는 '무의 조화세계의 경계'를 어떤 학자는 '허虛'라는 말로 나타내기도 하였다. "최초의 우주는 적막무짐寂寞無朕하여서 아무런 형태도 없었던 것이다. 다만 연기煙氣 같기도 하여서 무엇이 있는 듯하기도 하고 없는 듯하기도 한 진공眞空아 닌 허공虛空이었던 것이다. 이 상태가 바로 불이라고 생각하면 불 같기도 하고 물이라고 생각하면 물 같기도 한 상태였던 것이다."[52] 여기에서 '적막무짐'이 뜻하는 의미는 아무런 동動하는 것도 없기 때문에 그 내용을 알 수 없음을 강조해서 표현한 말이다.

'무전제의 전제'가 존재론적 지위를 가지는 것은 어떤 측면에 서 보면 '무의 조화세계의 경계'가 모든 존재자의 근원, 즉 우주 자연의 본체本體[53]라고 말해질 수 있기 때문이다. 이것을 일부一

52) 韓東錫, 『宇宙變化의 原理』, 41쪽. 여기에서 "진공眞空아닌 허공虛空"이 란 말을 쓴 것은 '무'의 존재가 어떤 결정적인 형상形象을 갖지 않음을 강조 하기 위해서이다. 기실은 진공이나 허공이 같은 의미라고 필자는 생각한다.
53) 여기에서 주장되고 있는 본체本體라는 개념은 인식론認識論적인 측면 에서의 "본질本質"을 의미하지 않고 발생론적 측면에서 사용된 것으로 보인 다. 왜냐하면 인식론적인 측면에서의 본질의 개념은 통상 영원하고 고정적 인 완전한 의미의 정의定義를 함축하기 때문이다. 따라서 여기에서 사용된 본체의 의미는 아직 현실적으로 나타나지 않아서 그 내용을 알 수 없는 것이

夫 김항金恒은 『정역』에서 "묘묘 현현 현묘중妙妙 玄玄 玄妙中"이라 고 하였다. '묘묘 현현 현묘중'이라는 말은 우주의 본체가 통일하 였다가는 분열하고, 분열하였다가는 다시 통일하는 그런 중도中 道)적 차원의 의미에서 우주만물의 근원적인 본체를 뜻한다.[54]

송대宋代의 철학자 주돈이周敦頤는 '무전제의 전제'로서 "무극 無極이 태극太極이다."를 말한다. 여기에서 무극과 태극은 동일한 의미의 형이상학적 전제로서 우주만물의 존재 근거를 말한 것 이다. 이에 대해서 주자는 "주돈이周敦頤가 소위 무극이라고 한 까닭은 바로 그 방소方所도 없고 형상도 없기 때문이다. 그러기 에 사물이 있기 전에 존재하면서도 사물이 생겨난 뒤에 성립하 지 않은 적이 없고, 음양陰陽 밖에 있는데도 아직 음양의 가운데 서 작용하지 않은 적이 없다. 전체를 관통하여 있지 않는 곳이 없 다고 한다면, 애당초 소리·냄새·메아리 따위로 말할 수 없다."[55] 고 해설을 덧붙였다.

그러므로 '무전제의 전제'는 아직은 없지만 어떤 것으로든지 창조되어 '존재할 수 있다'는 의미에서 우주 창조변화의 중도中道

지만, 우주 만물의 '생성의 근원' 내지는 '궁극적인 토대' 혹은 바탕자리라는 의미에서 본원을 의미한다고 할 것이다.

54) 韓東錫, 『宇宙變化의 原理』, 42쪽 참조.

55) "周子所以謂之無極 正以其無方所 無形狀 以爲在無物之前 而未嘗不立於 有物之後. 以爲在陰陽之外 而未嘗不行乎陰陽之中. 以爲通貫全體 無乎不在 則又初無聲臭影響之可言也."『朱熹集』三 卷 36, 「答陸子靜」, 1575-1576쪽.

이며, 천지의 근원적인 바탕자리임을 의미한다. 그것은 '무의 조화세계의 경계'를 말한 것인데, '절대적인 무'일 수 없고, 근원자根源者로서의 '가능적인 무', 즉 본원의 바탕자리로서의 존재 근거를 갖는다고 할 수 있을 것이다.

2) '전포괄적全包括的 존재存在' 로서의 무극

무극은 더 이상의 근원이 없다는 의미에서 '무전제의 전제'로 규정할 수 있고, 이것에 근거를 두고서 천지 만물이 일정한 방식으로 생장 변화해 간다고 할 때, 우주자연의 전체를 담고 있는 '전포괄적 존재'의 의미도 갖는다. 이는 앞서 무극을 '하나의 전체'로 정의한 의미에서도 확인할 수 있다.

무극이 '전포괄적 존재'라는 핵심 의미는 노자老子의 "모든 것은 무극에로 돌아간다."[56]는 표현에 함축적으로 잘 나타나 있다. 이에 대한 구체적인 의미는 "만물은 왕성하게 번성하다가 결국은 각각 근원인 뿌리로 돌아간다. 그 근원은 고요한 것이다."[57]에서 확인할 수 있다. 그러니까 삼라만상의 것들은 무극을 바탕으로 해서 전개되어 나타났다가(무극의 '열림') 결국은 본 바탕인 무극에로 환원된다는 것이다[原始返本]. 이런 의미에서 무극은 우

---

56) "復歸於無極."(노자老子, 『도덕경道德經』 28장).
57) "夫物 芸芸, 各復歸其根, 歸根曰靜."(노자老子, 『도덕경道德經』 16장).

주자연의 출발이자 전체를 포괄한다는 의미에서 '전포괄적 존재'라 할 수 있는 것이다.

전포괄적 존재의 의미

'전포괄적 존재'라는 의미에서의 무극[58]은 무엇을 의미하는가. 그것은 '안'과 '밖'이라는 두 측면으로 분석하여 구체적인 의미를 간취해볼 수 있을 것이다. 즉 '안'으로는 '무한정성無限定性'의 의미를 내포하고 있고, '밖'으로는 '한정성限定性'의 결과를 갖는다. 전자는 근원의 의미에서 바탕을 의미하고, 후자의 의미는 존재의 결과로 전체적인 완결을 뜻한다.

첫째, '안'으로 보면 무극은 '무한정성無限定性'의 의미를 포함한다. 이는 아직 일정한 한계나 규정이 없는 것이지만 이로부터 앞으로 일정한 규정성規定性이나 한정성限定性을 가진 것들이 생겨나올 수 있다는 의미에서 '무한정성'이다. 왜냐하면 만물의 생성과 성숙의 근거가 되는 무극 자체는 아직 정신적인 것도 물질적인 것도 아니지만, 이것을 근거로 해서 현실화된 존재가 바로 물질적인 것이거나 정신적인 것으로 나타나기 때문이다.

---

58) '극極'에 관한 김용옥의 설명이 자못 시사적이다. "극極은 극일뿐이다. 극이란 지극至極함이요, 극한極限이며, 한계限界이며, 유한有限이다. 태극太極이 아무리 크다고 할지라도 그것은 극일 수밖에 없다 … 따라서 태극은 유한할 수밖에 없다는 것이다 … 태극은 태극이기 때문에만 태극으로서 지닐 수 있는 모든 속성이나 특성을 지닐 수 있는 것이다."(金容沃, 『氣哲學散調』, 49쪽).

무극은 '안'으로 왜 '무한정성'의 의미를 가져야 하는가. 만일 무한정성을 내포하는 무극이 없다면, 일정한 한정성을 가진 삼라만상의 것들은 어떤 '한정적인 것'으로부터 생겨 나온다고 해야 할 것이다. 이는 의미가 없는 주장일 것이다. 왜냐하면 우주 삼라만상의 것들은 '한정성이 없는 것(무한정적인 것)'으로부터 어떤 '한정성을 가진 것'이 생겨 나온다고 하거나, '한정성을 가진 것'으로부터 '한정성을 가진 것'이 생겨 나온다고 해야 하는데, 후자의 주장은 동어반복이 되기 때문이다.

'한정성'을 가진 유한有限한 것들은 한정성이 없는 '무한정성'을 바탕으로 해서 출현하게 된다고 해야 마땅하다. 이는 마치 일정한 질서를 갖추어 존재하는 것들은 이미 동일한 질서를 가진 것을 바탕으로 해서 성립한다는 의미에서가 아니라 질서가 없는 것을 바탕으로 해서 질서가 있는 것이 성립한다는 주장과 같은 이치이다.[59] 예를 들면 현실적으로 일정한 질서와 체계를 갖춘 '집'은 그것이 출현하기 전의 목재, 벽돌, 철근 등을 토대로 해서 만들어지는 경우가 그것이다. 따라서 무극은 우주자연의 모든 것들이 출현하게 되는 '무한정성'으로서 전체적인 바탕이 된다는 의미에서 '전포괄적 존재'이다.

둘째, '밖'으로 보면 무극은 '한정성'의 의미를 포함한다. 한정

---

59) 생성 변화에 관한 한 이러한 방식의 논리는 아리스토텔레스(Metaphysics. vii. 1044b 31-1045a 6)에 의해 체계적으로 논증된 바 있다.

성은 결과의 의미에서 전체적으로 성숙成熟 내지는 완결完結을 함의한다. 왜냐하면 완결이 가지는 일정한 한계가 없다면, 그것은 인식과 정의가 불가능하기 때문이다.

'밖'으로 볼 때 무극은 왜 '한정성'의 의미를 가져야 하는가. 만일 한정성을 특성으로 하는 무극이 없다면, 우주자연에 대해서는 일정한 한계성을 말할 수가 없게 된다. 다시 말하면 우주자연에 일정한 경계가 없게 된다면, 거기에는 오직 '무한無限'만이 있게 된다. '무한'에는 전체성의 성숙이나 완결이란 없을 것이다.

전체성의 성숙이나 완결이 없다면, 우주자연에서 창조 변화는 어떻게 될까. 모든 개별적인 것들은 창조변화의 종결, 즉 성숙 내지는 결실이란 주어질 수 없게 된다. 그렇게 되면 앞서 현상계의 창조변화를 분석하면서 도출해낸 생장염장의 순환 이법은 유명무실하게 될 것이고, 또한 우주자연에 대한 정의와 인식은 결코 주어질 수 없게 된다. 그러나 현상계는 생장염장으로 순환하고 있고, 이에 대한 인식이 있다.

그러므로 무극은 근원의 의미에서 '무전제無前提의 전제'이고, 전체적인 바탕과 성숙 또는 완결이라는 의미에서 '전포괄적全包括的 존재存在'라고 정의할 수 있다. 이렇게 정의되는 무극은 창조변화의 출발인 동시에 전체성으로서의 성숙 내지는 결실을 함축한다고 볼 수 있을 것이다.

여기에서 당연히 따라 나오는 물음은 창조변화의 바탕이 되는 무한정성과 창조의 완결을 뜻하는 한정성이 어떻게 동일한 무극의 특성이 될 수 있는가 이다. 이 말은 무극이 우주자연의 바탕이면서 동시에 전체성의 완결(끝)을 함의하게 되는가 라는 물음과 같다.

이 물음에 대한 답변을 제시하기 위해 우선 현대 물리학의 차원에서 논의되는 예시를 끌어들여 말해보자. 요컨대 무한無限의 우주라 불리는 기대한 친체天體가 사방에서 맹렬한 속도로 중심을 향해 축소된다고 가정해 보는 것도 하나의 방편이 될 수 있다는 얘기다.

우주자연 전체가 중심점을 향해 무한대로 축소된다면, 우주자연은 결국 반경이 '영零의 경계'에 이르게 된다. 이를 형이상학의 용어로 표현하면, '무의 경계지점'이라고 할 수 있을 것이다. 이 상태는 현대 과학적인 용어를 빌어 표현하자면[60] 앞서 언급한 대로 빅뱅이 일어나기 직전의 초고밀도 상태인 "특이점singularity"이라고 말할 수 있다.

'특이점'은 상수象數로 말하면 '영점零點'이다. '영점'으로서의 '특이점'은 일정한 사건이 아니라 시·공간이 없는 무한 밀도와 무

---

60) Paul Davies, God and New Physics, 유시화 옮김, 『현대 물리학이 발견한 창조주』, 42-49쪽 참조)

한 온도의 상태이다. 이는 당연히 물질뿐만 아니라 시·공간까지도 융합融合되어 있는 상태이기 때문에, 물질이든 그 무엇이든 아무 것도 존재하지 않는다고 말하는 것과 같은 의미이다. 형이상학의 용어로 표현하면 이는 곧 '무한정성'의 의미에서의 무극이라고 말해볼 수 있다는 것이다.

이러한 '특이점'에서 문득 "대 폭발"이 일어나면서 시·공간의 창조와 더불어 하늘과 땅 뿐만 아니라 만유의 존재가 한정성을 가진 것으로 창조 변화하여 진행되어 왔다. 이는 또한 '한정성'의 의미에서의 무극의 특성이라고 할 수 있다. 따라서 빅뱅 이후, 시·공간[우주] 안에서 우주만유의 생명은 무한정성을 바탕으로 해서 탄생하여 무성하게 성장하고, 그 성숙으로 결실하여 매듭을 지어 다음의 탄생을 위해 폐장의 과정으로 들어가 순환의 연속을 거듭해 왔던 것이다. 그 까닭은 바로 무극이 창조변화의 바탕이 되는 무한정성의 원리이면서 완결을 뜻하는 한정성의 원리가 되기 때문이다.

우주자연의 창조변화는 지구 1년의 과정에서든 우주 1년의 과정에서든 같은 유형의 방식으로 전개된다. 이러한 순환의 틀 안에서 만유의 생명은 '무한정성'을 특성으로 하는 '무의 경계'를 근원으로 하여 탄생하기 시작하고, 일정한 한정성을 특성으로 하는 성숙으로 결실하게 되는 것이다.

영무극零無極과 십무극十無極

창조변화의 바탕이면서 동시에 성숙을 뜻하는 '전포괄적 존재'로서의 무극을 도상역학圖象易學의 상수象數로 나타내면 어떻게 표현해볼 수 있을까.

'특이점'으로서의 '무의 경계'는 '영무극'[61]으로, 성숙으로서의 완결은 '십무극'으로 표현될 수 있을 것이다. '영'은 아무런 내용도 규정도 없는 일종의 진공眞空과 같은 것을 의미하기 때문에, 앞으로 어떠한 규정도 받아들일 수 있다는 의미에서 무한정성의 근거라고 말할 수 있을 것이다. 반면에 '십무극'은 성숙단계의 완결을 의미하는 것이기 때문에, 총체적으로 수렴하여 결실한다는 의미에서 한정성의 조화기운이라고 할 수 있다. 그러기에 도상역학에서 '영'과 '십'을 의미하는 무극은 바로 우주 삼라만상이 창조 변화하는 '바탕'과 '성숙'의 전체라고 할 수 있는 것이다.

우주자연은 무극을 본체로 하여 창조변화의 시작이 있게 되고, 이는 성숙을 목적으로 진행되며, 성숙은 다음의 탄생을 준비

---

61) '영零'이라는 것은 만물의 시작과 작용이 끝난 것을 표시하는 것이라고 볼 수도 있다. 수자數字 '십10'을 표시하는 것은 '일一'의 작용이 '구九'에서 끝난 직후의 것이므로 '십'에서는 '일'의 작용이 모두 끝난 공空의 상태로 되어 있는 것을 의미하는 것이다. 이런 의미에서 '공'과 '영'은 모두 '일'의 통일 상태이며, 그 통일이 완성된 점이 바로 공空이다. 그것을 작용면에서 보면 '영'이고 본체로 보면 '공'인즉 공과 영은 체용體用 양면으로 표현하는 개념이다(韓東錫,『宇宙變化의 原理』, 221쪽 참조).

하기 때문에, 모든 존재는 순환의 고리를 벗어날 수 없다. 태곳적에 동방 한민족의 우주론에 대한 사유의 극치를 보여주는 「천부경」에서 "하나는 시작이나 무에서 비롯된 하나이고, … 하나는 끝이나 끝이 없는 하나[一始無始一, … 一終無終一]"라고 한 핵심이 여기에 있는 것이다.

창조변화의 순환에 대해서 열자列子는 "만물이 시작하고 끝남은 처음부터 그 궁극이 없었던 것이다. 시작이 끝이 되기도 하고 끝이 시작이 되기도 하는데, 어떻게 기원을 알 수 있으리오."[62]라고 전하고 있다. 다시 말해서 우주자연의 생장변화의 시작이란 끝(성숙)에서 준비하고 그 끝(성숙)이란 곧 생장 변화의 시작에서 준비하게 됨을 말하는데, 이는 곧 '무전제의 전제'와 '전포괄적 존재'로서의 무극을 근거로 해서 가능한 것이다.

그러므로 창조되어 존재하는 삼라만상의 모든 것, 즉 천지天地도, 천상天上의 신명계神明界도, 우리들 한 사람 한 사람도 원초적으로는 생겨나기 전부터 있었던 생성의 근원이 되는 무극에 근거하여 생장염장의 과정으로 진행된다고 할 수 있겠다. 이런 의미에서 본다면 무극은 과거에나 현재, 심지어 미래에 이르기까지 우주에서 전개되었거나 전개되거나 전개될 전체를 포괄하는 근원이요, 우주 전체의 모든 것들이 무극 속에 담겨져 있어서 이로

---

62) "物之終始 初無極已. 始或爲終 終或爲始 惡知其紀."(『列子』「湯問篇」一章).

부터 현실적인 무한한 것들이 발현된다고 볼 수 있을 것이다.

2. 태극太極의 원리

앞서 필자는 무극을 천지조화의 본원으로서의 '하나이며 전체'라고 정의하고, 더 이상의 전제前提가 없다는 의미에서 '무전제無前提의 전제前提', 그리고 과거나 현재, 미래에까지 우주에서 전개되었거나 전개되거나 전개될 수 있는 삼라만상의 모든 '가능적인 것(무한정성)'들을 이미 포괄하고 있으면서 '성숙 내지는 완결'의 의미에서 '전포괄적全包括的 존재'로 분석해 보았다.

무극은 천지 만물들의 전체적인 생장 변화 과정에 관계하는 조화생명의 근원적인 바탕이자 완결을 의미하는 존재론적인 근거였다. 총체적인 우주자연이 존재하기 위한 본원으로서의 무극이 성립되었다면, 이제부터 창조변화의 출발이라 볼 수 있는, 태시太始에 '문득' 천지(하늘과 땅)가 어떻게 열릴 수 있었는가의 문제로 돌아와 보자. 이 물음은 무극을 바탕으로 해서 천지 만물들이 어떻게 역동적으로 전개되어 나오게 되는가 하는 문제, 말하자면 천지 만물들의 모체母體로서 태극太極의 존재론적 근거의 문제를 포함한다.

1) 창조변화의 근원적인 힘, 일태극一太極

태극의 본체는 무극

우주자연에서 창조변화의 본원으로 규정되는 '무극'과 역동적인 천지만물의 모체가 되는 '태극'의 관계를 명확히 하는 것이 선행되어야 할 것이다.

무극과 태극의 관계에 관해서는 많은 이론異論이 있어왔다. 이 문제를 해결하기 위해서 필자는 결정적으로 두 입장이 가능하다고 본다. 첫 번째의 입장은 무극이 선행하여 존재하고 이로부터 태극이 성립한다고 보는 것이고, 두 번째 입장은 무극과 태극을 동일한 존재의 두 측면으로 간주하는 것이다.

첫 번째의 입장은 송대宋代의 형이상학자 주렴계周濂溪(1017~1073)가 대표적이다. 그는 도가道家적인 입장에서 근원의 존재를 원기元氣로 보았고, 이것을 만물의 본원으로 여기면서 그 작위성作爲性을 인정한다. 원기를 근거로 해서 그는 태극이 움직이고 고요하여 음陰·양陽을 낳고, 음·양의 두 기운이 오행五行과 만물을 낳는다고 주장한다. 따라서 그는 무극을 태극의 근원으로 여긴다. 무극은 태극에 앞서 실재하며, 여기에서 태극이 나온다고 본 것이다.[63]

---

63) 周敦頤 撰, 『太極圖說』, 4쪽 참조.

두 번째의 입장은 성리학의 거장 주자朱子(1130-1200)가 대표적
이다. 그는 무극이 태극을 낳는 것이 아니라 무극이면서 동시에
태극이라고 해석한다. 이는 극極이 없으면서 큰 극이 있다는 뜻
으로 태극 이외에 무극이 따로 있는 것이 아니라는 얘기다. 이런
입장에서 그는 소리도 없고 냄새도 없기 때문에 실로 무극인 동
시에 모든 조화의 지도리이고 만물의 뿌리가 되기 때문에 태극
이다. 즉 무극을 말하지 않고 태극만을 말하면 태극이 하나의 물
건과 같게 되어 온갖 조화의 뿌리가 될 수 없고, 무극만을 말하
고 태극을 말하지 않으면 무극이 텅 비고 적막한 것이 되어 만물
의 뿌리가 될 수 없다는 것이다.[64]

주자의 논리에 따르면, 무극과 태극은 시간성에 있어서 선후先
後 관계도 아니고, 존재성에 있어서 의존관계도 아니다. 그는 동
일한 것의 두 표현이 무극과 태극이라는 입장이다. "무극無極을
말하지 않으면 태극은 하나의 물건과 같아져서 온갖 조화[萬化]
의 근본이 되기가 어렵다. 태극을 말하지 않으면 무극은 공허하
고 적멸[空寂]에 빠져서 만화의 근본이 될 수 없다."[65]고 주장한
것이 이를 말해주고 있다. 이는 존재론의 측면에서 보면 무극이
우주자연의 근원이 되지만, 인식론의 측면에서 보면 태극이 우주

64) "上天之載 無聲無臭 而實造化之樞紐 品彙之根柢也 故曰無極而太極非
太極之外復有無極也"(『性理大全』, 卷 1, 13항 참조).
65) "不言無極 則太極同於一物 而不足爲萬化之根 不言太極 則無極淪於空
寂而不能爲萬物之根."(『性理大全』, 卷 1, 4 항 참조).

자연의 근원이 됨을 함축한다.

주렴계와 주자의 주장에서 필자는 첫 번째의 노선을 따를 것이다. 주렴계의 주장이 필자가 논의하려는 삼극론三極論에 적합하게 적용될 수 있다고 믿기 때문이다. 그 이유는 두 측면, 즉 존재론의 측면과 시간론의 측면에서 볼 때 합당하다고 보기 때문이다.

존재론의 측면에서 볼 때, 우주 만물의 생장 변화의 본원은 '무극'이라고 하지 않으면 안될 것이다. 그렇지 않으면 우주만물의 창조변화가 일어날 바탕이 없을 것이다. 왜냐하면 모든 생장변화는 '무극'을 본원으로 해서 '없던 것'에서 '있는 것'에로 혹은 '있는 것'에서 '없는 것'에로의 전환임을 보여주기 때문이다. 이를 공리화해서 말해본다면, 모든 창조변화는 'BA에서 CA로의 전환'이다. 여기에서 창조변화의 주체는 'A'이고, 창조변화를 나타내주는 상태는 'B에서 C로의 전환'이다.

'BA에서 CA로의 전환'이라는 공리를 우리는 어떻게 이해할 수 있을까. 이를 현상계에서 일어나는 창조변화의 경우에 적용하여 알아 보자. 적용 방식은 두 경우를 들 수 있을 것이다.

하나는 '키가 작은 나무[BA]'가 '키가 큰 나무[CA]'로의 변화이다. 이 경우에서 '나무'는 변화의 주체로서 그대로 있고, 변화된 상태는 '키가 작은'에서 '키가 큰'으로의 전환이 된 것임을 알 수 있다. 다른 하나는 '나무였던 것[BA]'이 불에 타서 '재인 것[CA]'으로의 변화하는 경우이다. 이 경우에서 변화된 상태는 '나무'에서 '재'로의 전환이고, 주체가 되는 '… 것'은 그대로 존속하고 있음을 알 수 있다.

'… 것'은 창조변화가 일어나는 바탕으로서의 주체이다. 이 주체는 '자체로' 보면 아무런 규정성이나 한정성을 갖고 있지 않은 것이지만, 역동적인 측면에서 보면 창조변화의 출범이 되는 근원으로 본체라고 말할 수 있다. 존재론적인 차원에서 볼 때, 이는 역동적인 창조변화를 본성으로 하는 태극의 본원이라고 규정하는 것이다.

만일 우주만물이 존재하게 되는 궁극의 근원이요 본체가 무극이라고 하고, 태극을 말하지 않는다면 어떻게 되는 것일까. 이 경우에 무극은 현실적으로 아무 것도 없는 상태, '절대적인 무無'에 빠질 위험성이 있게 된다. 그렇게 되면 삼라만상의 다양한 것들은 생겨나올 수 없을 뿐만 아니라 우주 만물들이 성숙에로의 도달이란 성립할 수 없게 될 것이다. 따라서 우리는 선행하는 무극을 본원으로 해서 현실적으로 창조변화에 작용하는 태극이 있다고 해야 한다.

시간론의 측면에서 볼 때, 무극의 '열림'은 태극이요, 태극은 바로 '천·지의 열림'이고 '음·양의 열림'이라고 말할 수 있다. 여기에서 무극과 태극은 실로 구분이 되며, 본성상 서로 다른 원리로 정의되고 있다. '열림'은 역동성을 본성으로 하기 때문이다. 즉 천지만물이 창조되는 본원은 '근원의 바탕'으로서의 무극이라고 해야 하지만, 현상계의 전개과정인 '발생론적 입장'에서 말한다면, 현실적으로 창조 변화되는 모체는 태극이라고 해야 마땅하다. 이 의미에서 우주만유의 생명은 태극을 본체로 하여 창조변화의 과정으로 진입하게 되는 것이다.

무극의 '열림'은 일태극一太極

존재론적인 차원에서건 시간론적인 차원에서건 무극의 '열림'이 태극이라면, 태극의 발전 과정은 어떻게 분석될 수 있는가. 이를 고찰하기 위해서는 『열자列子』가 전하는 논의를 끌어들여 보는 것이 좋을 것이다.

"그러므로 태역太易이 있었고, 태초太初가 있었고, 태시太始가 있었고, 태소太素가 있다고 말한다. 태역이란 것은 아직 기氣의 움직임이 나타나지 않은 상태이며, 태초라는 것은 기氣가 나타나기 시작한 때이고, 태시라는 것은 형체가 드러나기 시작한 때를 말하고, 태소라는 것은 성질이 갖추어진 상태를 말하는 것이다. 기운과 형체와 성질이 갖추어져 있으면서 서로 분리되지 않은 것이니 이를 이름하여 혼륜渾淪이라 한다. 혼륜이란 것은 만물이 서로 혼합되어 서로 분리되지 않았음을 말한다. [혼륜은] 보려고 해도 보이지 않고, 들으려고 해도 들리지 않으며, 잡으려고 해도 잡히지 않기 때문에, 이를 역易이라 말하는 것이다. 역이란 형체와 틀이 없지만 역이 변하여 일─[일수─水]이 되고, 일─이 변하여 칠七이 되며, 칠이 변하여 구九가 된다. 구로 변화한 것은 궁극적인 것이니, [이것이] 다시 변하여 일─이 되는 것이다[원시반본原始返本]. 일─[일태극수─太極水]이란 것은 형체 변화의 시작인 것이다."[66]

열자는 우주자연에 대한 궁극의 본체를 규정함에 있어서 맨 먼저 '태역太易'을 언급하고 있다. 이를 근거로 해서 그는 태초太初, 태시太始, 태소太素라는 단계를 통해 천지 만물의 창조 변화가 어떻게 이루어지게 되는가를 밝히고 있는 것이다.

'태역'은 무엇을 의미하는 것일까. 형이상학의 우주론을 담고 있는 『주역』의 표현을 빌려 보자면, 태역은 "역에 태극이 있다"[67]고 할 때의 '역易'을 뜻하는 것으로도 볼 수 있다. 이 논리에서 보면, 태역은 자체로 아무런 움직임도 없는, "진공묘유眞空妙有"[68]와

---

66) "故曰 有太易 有太初 有太始 有太素. 太易者 未見氣也. 太初者 氣之始也 太始者 形之始也. 太素者 質之始也. 氣形質具而未相離 故曰渾淪. 渾淪者 言 萬物相渾淪而未相離也. 視之不見 聽之不聞 循之不得 故曰易也. 易無形埒 易變而爲一 一變而爲七 七變而爲九. 九變者 究也 乃復變而爲一. 一者 形變 之始也."(『열자列子』「천서편天瑞篇」2장章 참고 : 본문의 해석에서 괄호 '[ ]' 의 내용은 필자가 첨가한 것이다.).

67) "易有太極."(『周易』「繫辭 上」, 十一章).

68) '진공묘유'에서 "진공眞空은 단멸斷滅의 공空이 아니며, 색色을 여읜 공

같은 상태를 뜻한다고 볼 수 있다.

'태역'과 '태극'간의 선·후 관계를 따져 본다면, 태역은 논리적으로 보나 현실적으로 보나 태극에 선행한다고 말할 수 있을 것이다. 태극은 '역'을 본체로 하여 작용하기 때문이다. 그렇다면 태역은 곧 무극無極[69]을 뜻한다고 볼 수 있다.

태역의 특성은 무엇인가. 그것은 형形의 분열이 조금만 더 세분화하고, 기氣의 힘이 조금만 더 응고하여지면, 형形과 기氣의 활동이 시작할 수 있는 직전의 상태, 달리 말하면 태극의 활동이 일어나기 직전의 상태를 의미한다. 그러나 태역太易은 자체로 아직 아무런 징조가 없는 존재, 어떤 일정한 형태를 갖춘 유有의 의미에서가 아닌 혼돈미분混沌未分한 상태로서 장차 완성을 목적으로 해서 창조의 출발과 성숙의 전개를 위한 절대 조화와 바탕의 묘경妙境이라고 말해질 수 있는 것이다.

다음의 단계는 태초太初이다. 태초는 처음으로 기氣가 나타나기 시작하는 상태를 뜻하는 것으로 보인다. 다시 말하면 본체로부터 어떤 방식으로든 신묘하게 '기'를 응축하여 이를 용출湧出

空도 아니고, 유有에 즉하여 밝힌 공空으로 공하다는 상相도 없는 고로 진공이라 이름한다."(韓鍾萬, "中國佛教의 本體論", 『東洋 哲學의 本體論과 人性論』, 65쪽).

69) "무극(無極)의 성질은 엄격히 따지자면 형(形)의 분열이 극미세(極微細)하게 분화하여서 조금만 더 응고하여지면 형이 될 수 있는 직전의 상태에 있는 것이다."(韓東錫, 『宇宙變化의 原理』, 38쪽).

해야 천지 만물들이 생겨나게 될 터인데, 이 경우에서 태초는 용출하는 생장 변화의 힘으로 '원기元氣'의 출현을 뜻한다.

'원기'는 어떤 방식에서 발생하게 되는 것일까. 작용의 측면에서 보면 '기'의 출현은 '무극의 열림' 직전의 사태事態에 대한 표현, 달리 말하면 무극의 정신精神이 일종의 "의욕意慾함"[70]으로부터 발생하는 힘이라고 말할 수도 있을 것이다. 이러한 힘은 두 방식으로 전개된다고 볼 수 있겠는데, 하나는 무극의 정신이 '의욕'하기 시작할 때의 힘, 즉 만유의 생명을 생장 분열시키는 힘이요, 다른 하나는 '의욕'하기를 끝마치는 힘, 즉 만유의 생명을 수렴收斂 통일統一시키는 정지靜止의 힘일 수 있다.

여기에서 간과하지 말아야 할 것은 태역에서 태초에로의 전환이다. 이는 무극에서 태극으로의 전화단계, 즉 본체인 '원기'가 '일태극수一太極水'로 어떻게 전환될 수 있는가를 준비하는 것이다. 달리 표현하면 이는 무극과 태극간의 경계라볼 수 있을 것이다.

태초의 단계로 접어들면 '원기'는 한번 움직이고 정지함의 원리로 작용한다. 이는 무극에서 태극으로의 전환을 뜻하는데, 상수원리象數原理로 표현하여 '일태극수一太極水'으로 규정할 수 있다. 일태극은 내적으로 동정動靜에 돌입하게 되는데, 이에 대해서

---

70) "의욕함boulomenos"은 영어로 "be willingness"로 표현될 수 있을 것이다. 무극의 정신은 앞서 밝힌 삼신의 정신으로 볼 수 있기 때문에, "의욕함"이란 삼신이 기를 운용하여 작용하려는 의욕이 되는 셈이다.

『주역』은 "한 번 음陰하고 한 번 양陽하는 것을 일러 도道이다."[71]
라고 기술했다. 태극이 한 번 움직여 양陽을 낳고, 한 번 정지하여
음陰을 낳는다는 뜻이다. 이런 의미에서 보면 '일동일정'은 무극
의 열림으로 인한 태극의 역동성이기 때문에, 태극은 바로 '운동
과 정지의 원리'라고 말해질 수 있는 것이다.

그러므로 무극의 정점에서 본다면, 무극의 정신은 원천적으로
이미 분열생장의 힘과 수렴통일의 힘을 내재하고 있고, 무극의 열
림에 의한 활동과 정지는 일태극一太極의 '자격'으로서 작동하게
되는 것이다. 이런 맥락에서 볼 때, 천지 만물의 모든 것이 창조의
출발과 변화과정을 가질 수 있게 되는데, 이는 창조변화가 태극에
근거를 두고서 그렇게 된다고 말할 수 있는 정당한 이유가 된다.

일태극의 율동(음·양 작용)

우리가 주목해야 할 것은 일태극一太極이 어떻게 해서 천지 만
물의 다양한 것들을 전개시킬 수 있도록 하는 힘을 가질 수 있
게 되는가 하는 것이다. 이 문제를 해결하기 위해서는 일태극의
율동律動을 분석해볼 필요가 있다.

모든 것들의 창조와 생명활동의 근원이 되는 일태극은 어떤 방
식으로 율동하게 되는가. 기의 자격으로서 말한다면, '+'와 '-'라

---

71) "一陰一陽之謂道."(『周易』「繫辭 上」十一章).

는 서로 상반된 힘으로 작용하게 된다고 본다. 여기에서 '+'의 힘은 발산하는 양陽의 기운氣運이 되고, '−'의 힘은 수렴 통일하는 음陰의 기운이 될 것이다. 태극이 동動하여 양을 생하고, 정靜하여 음을 생生한다는 것도 결국 태극이 움직임에 '양'을 생하고 고요함에 '음'을 생한다는 것을 의미할 것이다.

이와 같이 무극의 '열림'으로부터 태극이 성립하게 되면, 이로부터 역동성으로 인한 '한번 의욕하고 의욕하지 않음[一動一靜]'은 곧 '기'의 용출湧出하는 힘, 즉 논리적으로 '음'과 '양'이라는 양의兩儀가 세워지는 것이다. 이를 『주역周易』에서는 "역易에는 태극이 있으니 이것이 양의兩儀를 생하고, 양의는 사상四象을 생한다."[72] 고 표현했다. 물론 '음·양'으로 불리는 양의는 각각 독립적인 존재가 아니다. 즉 '양'이 물러가는 것은 그대로 '음'의 세력이 강해지는 것이지 '양'이 물러갔기 때문에 별도로 '음'이 생하는 것은 아니라는 얘기다. 그래서 '음·양'의 변화 작용은 비연속적이 아니라 연속적이라고 말하는 것이다.

음·양의 연속적인 변화작용을 『주역』에서는 서로간의 '밀침의 관계' 혹은 '굽힘과 폄'의 관계로 묘사하고 있다. 요컨대 "해[日]이 가면 달[月]이 오고, 달이 가면 해가 온다. 해와 달이 서로 밀쳐서 밝음이 생긴다. 추위가 가면 더위가 오고, 더위가 가면 추위가 온

---

72) "易有太極 是生兩儀 兩儀 生四象."(『周易』「繫辭 上」十一章).

다. 추위와 더위가 서로 밀쳐서 세월이 된다. 가는 것은 굽힘이고, 오는 것은 폄이다. 굽힘과 폄이 서로 느끼어 이로움이 생긴다."[73]

상반된 두 힘이 서로 간에 밀어내는 과정이나 굽힘과 폄의 과정에 대한 성질을 취하여 말해 본다면 이는 곧 '음·양, 동·정'의 개념으로 정립될 수 있을 것이다. 그러기에 태극의 일동일정一動一靜으로 인해서 나온 '음양의 기운', 즉 상반적인 두 '기운'의 조화에 의해 천지 만물이 화생化生될 수 있는 것이다. 이 맥락에서 볼 때, 천지자연의 모든 것들은 상반된 '음·양 기운의 묘합妙合'으로 말미암아 이루어진다고 할 수 있는 것이다.

만일에 '태극'과 '기' 중에서 무엇이 더 근원적인가 라고 묻게 된다면, 우리는 어떻게 말해야 옳을까. 삼극론의 관계라는 관점에서 본다면, '기', '태극'의 순서로 말해야 마땅할 것이다. 어떤 근거에서 이런 주장이 가능할까.

'기'의 개념은 '태극'의 개념보다 외연外延이 넓은 것이다. 그것은, 앞서 말했듯이, 무극의 정신이 '의욕하고 의욕하지 않음'의 표현이 곧 '기'를 전제하게 되고, 황극 또한 '기'를 전제하기 때문이다. 그런 까닭에 논리적으로 말해서 '태극은 기이다.' 라고 할 수 있지만 '기가 태극이다.' 라고 말함은 범주착오範疇錯誤를 범하게

73) "日往則月來 月往則日來 日月相推而明生焉 寒往則暑來 暑往則寒來 寒者相推而歲成焉 往者屈也 來者信也 屈信相感而利生焉."(『周易』「繫辭 下」五章).

됨을 알 수 있다.

'기'와 '음·양'의 관계에 있어서도 당연히 '양'도 '기'이고 '음'도 '기'이다. 여기에서 '기'를 두개로 보는 것은 '기'가 '음·양'으로 대립하는 측면을 보는 것이고, '음·양'을 하나의 '기'로 보는 것은 '기'의 유동流動하는 측면을 본 것이다. 그러니까 '기'는 유동의 측면에서 논하면 하나이고, 대립의 측면에서 논하면 둘(음·양)이라는 얘기다. 그래서 '기는 양이다.', '기는 음이다.'라고 말해서는 안된다. 그렇게 되면 이것도 범주착오의 오류를 범하기 때문이다.

그럼에도 태극의 '음·양'은 하나의 '기'이다. 음의 기운[陰氣]이 유행하면 '양'이 되고, 양의 기운[陽氣]이 응집하면 '음'이 된다. 이와 같은 태극의 율동을 '음양동정陰陽動靜'이라고 한 것이니, 이것을 일러 『주역』에서는 "한번 음하고 한번 양하는 것을 이름하여 도道"라고 했던 것이다.

2) 창조의 씨앗, 이치理致로서의 태극 = 형상形相

이제 기氣가 나타나기 시작할 때의 태초에서 '형形'이 나타나기 시작할 때의 태시太始에 초점을 맞춰보자. '형'이 나타나기 시작할 때를 뜻하는 태시는 만유의 생명이 일정한 형식으로 있게 하는 '존재 질서의 이치'를 함장하고 있다. 이 단계에서는 삼라만상들이 마구잡이식의 생장 변화가 아니라 각각의 일정한 모습을 갖추어 실현되고 또한 이를 반복적으로 산출한다는 의미에서 생장변화의 형상인形相을 밝히는 것이 중요하다.

　열자가 말한 태시太始의 단계에서 태극은 어떻게 분석될 수 있을까. 열자는 태시에 이르러서야 비로소 '어떤 형태'가 드러나기 시작한다고 했다. 반면에 증산도 『도전』에서는 "태시太始에 하늘과 땅이 '문득' 열리니라."고 했다. 열자가 말한 '어떤 형태'는 곧 어떤 '형상形象'을 일컫는데, 『도전』에서는 '하늘과 땅'으로 표현되고 있다. 태극의 음양으로 말할 때, 하늘은 건도乾道로서 양을 상징하여 표현된 것이고, 땅은 곤도坤道로서 음을 상징하여 표현된 것이다.

　하늘과 땅이라는 형상이 출현하게 된 것은 아무런 근거도 없이 나온 것인가. 아니다. 여기엔 두 가지 측면의 원리가 작동했기에 가능하다. 그 하나는, 앞서 밝혔듯이, 창조 변화의 힘, 다시 말해서 음양의 기운으로 작동하는 태극의 원리이다. 왜냐하면 기氣의 뭉침과 흩어짐이 바로 만유가 생성 소멸하는 현실적인 과정일 수 있기 때문이다. 다른 하나는 이치理致로서 작동하는 태극의 원리, 즉 다양한 종류의 것들로 성립시키는 형상形象의 원리이다. 왜냐하면 현실적으로 어떤 형태로 존재하는 것은 무엇이든지 '기'가 마구잡이로 뭉쳐있는 것이 아니기 때문이다.

인류 가을문화의 원전인 『도전』에 "세상에 이치 없는 법은 없느니라."(8:32:6)고 하였다. 이치는 곧 형상의 원리를 말한다. 우주 자연에서 창조 변화의 과정은 이치에 따라 형상으로 드러난다. 그러니까 천지간에 존재하는 것들은 각각의 이치를 품수稟受받아 성립하게 되는데, 이러한 이치는 각각의 것들로 하여금 바로 그 형상일 수 있도록 하는 원리가 된다는 것이다.

그러므로 천지 만물이라는 무수히 많은 각각의 것들이 창조되어 존립하기 위해서는 필연적으로 두 원리를 따른다고 본다. 창조의 힘(음·양)으로서의 기氣가 있어야 하고 동시에 일정한 틀(형태)을 갖추어 존재하도록 하는 결정성의 이치, 다시 말해서 이치로서의 형상이 그것이다.

우주자연의 창조변화는 이理와 기氣의 묘합

우주만물이 현실적으로 구체화되어 생장의 변화를 가지게 되는 것은 두 가지, 다름 아닌 기氣와 형상[理]의 존재이다. 형체를 가진 것들은 '기'의 응집에 의거하기 때문에 '기'도 만물을 생성 변화시키는 근원이라고 할 수 있다. 그러나 생성변화는 오직 '기'만으로 이루어지는 것이 아니고 '이치'와의 협동에 의해 이루어진다. 만일에 '기'만 있다면 천지 만물은 각각의 고유한 형태를 가질 수 없을 것이며, 반면에 '이치'만 있다면 천지 만물은 현실적으로 생장 변화할 수가 없을 것이다.

기는 '음·양의 힘'으로 드러나고, 이치는 형상으로 드러난다. 전자의 경우는 앞서 말한 '무한정성'의 원리라고도 할 수 있겠는데, 현대적인 개념으로 표현하면 '에너지energy'와 유사한 것이다. 후자의 경우는 '한정성'의 원리가 되는데, 만유의 생명이 창조되어 일정한 형태를 갖추게 되며, 또한 반복적인 창조가 이루어지는 까닭이 그것이다. 이런 의미에서 볼 때 천지 만물의 형정形情은 음·양의 '기'없이 성립할 수 없으며, 반면에 음·양의 '기' 또한 이치 없이 형태화形態化될 수 없다고 하게 되는 것이다.[74]

그러므로 태극은 천지 만물이 창조되는 바의 기氣로서 음·양의 총화이기도 하지만, 이치理致로서 형상의 총화이기도 하다. 즉 태극 가운데 만물의 이치가 모두 갖추어져 있다고 보는 것이다. 그렇다면 태극에는 전개 '되었거나' 전개 '되거나' 전개 '될' 모든 종류의 정보가 잠재적으로 이미 갖추어져 있다고 추론해 볼 수 있을 것이다.

리理는 창조의 씨앗

우주자연에는 현실적으로 다양한 생명이 존재한다. 이것들은

---

74) 柳正東, 「程·朱의 太極論」, 『東洋 哲學의 本體論과 人性論』(「韓國 東洋哲學會編」), 105쪽 참조.

각기 종을 보존하면서 세대에서 세대로 이어지면서 반복적으로 존재한다. 요컨대 사람은 사람의 이치에 따라 사람을 낳고, 개는 개의 이치에 따라 개를 낳으며, 소나무는 소나무의 이치에 따라 소나무를 낳는다는 뜻이다.

사람이 사람일 수 있고, 개가 개일 수 있으며, 소나무가 소나무일 수 있는 까닭은 창조의 씨앗이 그렇기 때문에 바로 그러한 형상으로 드러나게 되는 것이다. 오늘날의 학술 용어로 말하면 유전인자가 그것이다. 이는 단순히 음양 작용에 의한 기의 뭉침만으로 그러한 형상이 나올 수 없으며, 또한 같은 형상이 반복적으로 출현할 수 없음을 뜻한다. 따라서 우주자연에서 창조되어 존재하는 개별적인 형상의 총화는 원리로 보면 이치로서의 태극에 근거하는 것이라고 말할 수 있다.

문제는 태극 자체 내에 갖추어진 형상의 총화가 어떻게 창조의 씨앗이 될 수 있었는가 이다. 이에 대해서 우리는 한 가지 방법론을 가정해볼 수 있다. 앞서 말했듯이, 무극의 '열림'이 태극이라고 할 때, 그 '열림'이 있기 직전의 무극의 정신精神[神]에서 그 실마리를 찾아볼 수 있다. 달리 말하면 그 정신은 무시간적無時間的인 영원永遠 속에서 자기 자신을 관조觀照하게 되고, 자신을 관조할 때 사유함noeon이 이루어진다고 보는 것인데, 신의 그러한 관조적인 사유를 통해서 자신 속에 이데아idea와 같은 영상影像

phantasia들이 떠올려짐으로써 개별적인 다양한 형상들이 생겨나게 된다. 이것이 바로 태극 자체 내에 갖추어진 형상의 총화라고 볼 수 있는 것이다.

이러한 방식의 사유 작용은 무극의 정신이 '의욕boulomenos'하는 것에서 성립하는 것이고, 의욕적인 사유함 속에서 나온 이데아와 같은 형상들은 마치 우주를 주재하는 무극의 신[無極神]이 삼라만상의 모든 변화 이치를 알고서 설계하는 것과 같은 방식으로 나온다고 볼 수도 있을 것이다.

따라서 이치에 근거해서 출현하는 다양한 종류의 형상들은 우주정신과 같은 무극 신의 무시간적인 영원한aidion 사유 속에서 생겨난 것들이고, 무극의 열림이 곧 태극이라고 할 때, 무극으로부터 전향된 태극은 무극이 내놓은 이것들을 그대로 담지하게 된다고 본다. 결국 이것들이 우주자연의 경험적인 세계에서 만물의 창조를 일으킨다는 의미에서 태극은 창조의 근원적인 모체라고 말해질 수 있는 것이다.

리선기후理先氣後인가 기선리후氣先理後인가

그러면 태초太初의 단계에서 분석한 기(음·양)로서의 태극과 태시太始의 단계에서 논의한 이치(형상)로서의 태극 중에서 어느 것이 더 근원적이라고 말해질 수 있는가 하는 물음이 일어난다. 이 문제는 천도론天道論에서 인성론人性論을 도출해내어 정립시켜 나아가는 과정에서 조선 성리학에서는 상당히 중요한 논쟁거리를 제공한 것으로 보인다. 기氣가 우선이냐 리理가 우선이냐에 따라 주리론主理論이냐 주기론主氣論이냐 하는 철학적 사색의 두 노선의 갈림으로 벌어지기 때문이다.

동양철학의 전통을 간략히 살펴보면, 송대宋代에 이르러 중국의 신유학은 종합적으로 체계화된다고 볼 수 있는데, 그 중심에 성리학자 주자朱子가 있다. 그는 특히 운동 변화의 근원성에 관련하여, 리理와 기氣가 서로 의존된다고 하면서도 결국 리理를 태극과 일치시킴으로써 주리론의 노선을 견지한다. 이것이 주자학의 핵심이다.

주자학이 조선으로 유입되면서 리기理氣의 문제는 성리학자들에게 논쟁의 실마리를 제공하게 되었다. 주리론의 입장을 이어받은 퇴계退溪 이황李滉(1501-1570)은 결국 "리가 발하고 기는 리를 따르며, 기가 발하고 리는 기에 올라 타 있다[理發而氣隨之 氣發而理乘之]"고 하여 "이기호발理氣互發"[75]설을 주장한다. 이는 '리'와 '기'가 동시적으로 운동의 근원임을 뜻하기 때문에, 퇴계는 리기 이원론理氣二元論의 진영에 속한다고 본다. 그럼에도 그는 '리'를 우선으로 하기 때문에, 리선기후理先氣後의 입장이다.

---

75) 이황李滉, 『퇴계전서退溪全書』 16권卷 32 참조.

반면에 기선리후氣先理後의 입장에서 주기론主氣論의 사상을 펼쳐보인 학자가 있다. 조선시대에 살았던 화담徐花潭 서경덕徐敬德(1490-1546)을 필두로 하여 기대승奇大升(1527-1572)이 대표적이다. 그들은 '기'란 "스스로 그러하지 않을 수 없을 뿐[自能爾也]"[76]이라고 하였기에 운동의 근원을 '기'에 두게 된다. 근원의 존재는 오직 '기'뿐이라는 얘기다.

양자의 입장을 조화調和하여 종합한 학자도 있다. 말하자면 퇴계와 화담의 이론을 종합한 율곡栗谷 이이李珥(1537-1584)가 대표적이다. 그는 "기발리승일도설氣發理乘一途說"[77]을 주장한다. 발發하는 것은 '기'이고 '리'가 '기'에 타고서 '기'를 주재主宰하기 때문에 '기'를 발하게 되는 까닭은 '리'라는 것이다.

'리'와 '기'는 근원에 있어서는 동시적인 존재의 두 측면이라 볼 수 있다. 왜냐하면 사물의 생장 변화라는 측면에서 보면 '기'로서의 태극은 실제적인 운동의 근원으로 작용인이라고 할 수 있지만, 존재성의 측면에서 보면 이치로서의 태극은 형상의 목적이 되기 때문에 근원의 존재라고 할 수 있다.

그럼에도 '리'와 '기' 중에서 무엇이 더 근원이 되는가, 즉 리선기후理先氣後인가, 기선리후氣先理後인가의 문제를 검토해볼 필요

76) 『화담급문제현집花潭及門諸賢集』 2권卷 12, 23 참조
77) 이이李珥, 『율곡전서栗谷全書』 10권卷 27 참조.

가 있다. 무극의 '열림'으로부터 작동하기 시작한 '기'의 움직임은 무턱대고 일어나는 것이 아니라 어떤 일정한 형상을 전제로 해서 일어난다. 이런 입장이라면 '이치'로서의 태극이 '기'로서의 태극에 선행한다고 보아야 마땅하다. 그러나 구체적인 사물의 생장 변화의 원리, 즉 '기(음양의 기운)'가 없이는 사물의 이치 또한 존재 근거가 무의미해진다는 의미에서 보면 '기'로서의 태극은 이치로서의 태극에 선행한다고 보아야 마땅하다.

이 문제는 좀 더 확장해보면, 관념적인 것이 먼저인가 현실적인 것이 먼저인가 하는 물음과도 직결된다. 이에 대해서 필자는 내적으로 보면 '이치'로서의 태극이 우선하지만 외적으로 보면 '기'로서의 태극이 우선하는 것이라고 본다. 이런 의미에서 볼 때, 창조의 원리로서의 태극을 '기'(음양)의 측면과 '이치'(형상)의 측면으로 분석하여 따지는 것은 태극을 현상적인 측면과 논리적인 측면으로 구분하여 설명한 것에 지나지 않는다.

태극(리·기)은 창조변화의 실제적인 모체

그럼에도 '리기'의 선후 문제를 떠나서 만유의 존재가 창조 변화되는 순간은 '기'와 '이치'의 동시적인 협동에 의한 것이라고 할 수 있다. 달리 말해서 '리기'는 실제적인 창조의 모체가 된다는 얘기다. 그것은 우주자연의 창조변화를 현실적으로 이끌어 가는 것은 작용인과 목적인에 의한 것이지만,[78] '기'의 작용 목적이 되는 이치는 현실적으로 불가분의 융합融合이기 때문이다.

이런 맥락에서 볼 때, 우주 만물은 생장염장이라는 과정으로 순환하면서 무한한 창조적 활동의 연속에 지나지 않는다고 보는데, '기'의 본성은 역동적으로 작용함으로 인해 현실적인 시간의 흐름으로 제시되고, 이치의 본성은 동시에 공간적인 인식 형태로 현시顯示 된다. 그렇기 때문에, '기'로서의 태극과 '이치'로서의 태극은 동시적으로 작동하는 원리가 되는 것이다.

그러므로 우주자연은 시간의 흐름으로 드러나는 기의 움직임 (음·양)과 공간의 특성을 나타내는 형상의 존재(이치)를 내장하고 있는 일태극一太極으로부터 생겨나는 것이라고 해도 무방할 것이다. 우주자연에서 태극의 원리는 시간과 공간의 제약 하에서 정신성精神性과 물질성物質性이 서로 융합함으로써 무한한 창조적 활동이 진행되는 과정으로 드러난다고 볼 수 있다. 화이트헤드의 말을 빌리면, 창조적인 활동이라는 것은 순수 가능태로 정의되는 "영원한 객체"가 실제적인 현실로 진입하여 현실적 존재로 생성되는 과정, 즉 "합생concrescence"[79]인 것이다.

---

78) 이와 관련된 작용인과 목적인의 관계에 관한 것은 필자의 "아리스토텔레스에서 실체와 형상." 동국대학 박사학위 논문, 67-86쪽 참조하면 좋다.
79) "합생"이란 무수하게 많은 것들로 구성된 우주가, 그 다자多者의 각 항을 새로운 일자一者의 구조 속에 결정적으로 종속시킴으로써 개체적 통일성을 획득하게 되는 그런 과정을 일컫는 말이다. 합생의 각 사례는 그 자체가

현실적 존재의 합생은 다수의 형상들이 하나의 통일성을 구축하기 위해 들어가는 음·양 기운의 활동이라 할 수 있겠는데, 물론 이치(형상)와 기(음양)는 하나의 전일체全一體로서의 태극이다. 그래서 우주자연이 '이치'와 '기'의 상호 율동적인 흐름으로 전개되는 태극의 창조적 활동의 연속이라는 주장은 바로 가장 보편적이고 일반적인 형이상학적인 성격의 영역에 속한다.

3) 오행五行으로서의 기氣

마지막으로 열자가 말한 태소太素의 단계에서 태극을 말해보자. 태소에 이르러 비로소 질적 변화가 나타나기 시작한다. 질적인 변화란 사물의 형질形質 변화를 의미한다. 사물의 형질 변화라는 것도 바로 태극을 그 본질로 하기 때문에 태극의 자기 전개로 드러난 모습이라 볼 수 있을 것이다. 이런 의미에서 본다면 우주자연에서 만물들은 하나의 태극의 율동이라고 일컬어질 수 있을 것이다. 그러니까 하나의 태극은 전체적이면서 동시에 부분적인 것으로 드러나기 때문에 천지 만물에 두루 내재하여 작용한다고 보는 것이다.

태극의 율동은 오고 가는 '두 모습'으로서의 음·양이며, 음·양

새로운 개체적 사물이지만, 합생과 새로운 사물은 별개의 것으로 존재하는 것이 아니다. 합생의 사례가 바로 현실적 존재(actual entity)인 것이다.(A. N. Whitehead, Process and Reality, 오영환 옮김, 『과정과 실재』, 387쪽)

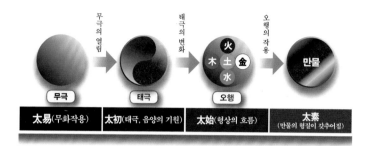

시간 과정으로 보는 태극의 모습

의 모습은 앞서 밝힌 바와 같이 바로 다섯 가지로 벌어져 나타난다고 할 수 있다. 달리 말하면 태극은 전체로서의 하나를 말하는 것이지만, 이 하나를 논리적으로 나눈 것이 음·양의 대립작용對立作用이라고도 하고, 나아가 음양의 대립은 논리적으로 다섯 가지 방식으로 전개되어 작용한다고 보는 것이다. 이는 동양 전통의 철학적 사유에서 볼 때 통상 오행陰陽五行의 순환 원리原理라고 일컫는다.

오행의 순환원리는 두 방식으로 말한다. 하나는 상생相生의 질서로 순환하는 원리이고 다른 하나는 상극相克의 질서로 순환하는 원리이다. 상생은 서로 살린다는 뜻이고, 상극은 서로 이긴다는 뜻이다. 즉 상생의 순환방식은 수생목水生木, 목생화木生火, 화생토火生土, 토생금土生金, 금생수金生水로 돌아감을 말하고, 상극의 순환방식은 목극토木克土, 토극수土克水, 수극화水克火, 화극금火克金, 금극목金克木으로 돌아감을 말한다.

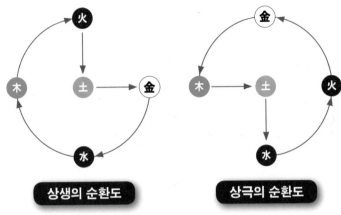

상생의 순환도, 상극의 순환도

뒤에서 다시 설명해 보겠지만, 도서상수圖書象數에서 「하도河圖」는 통상 우주만유가 상생으로 돌아가는 이치를 담아놓은 원리이고, 「낙서洛書」는 상극으로 돌아가는 이치를 담은 원리[80]로 일컬어진다.

음양陰陽 오행五行의 의미

음양오행이란 무엇을 뜻하는 것일까. 그것은 사실 음양설陰陽說과 오행설五行說이 결합된 용어이다.

음양설의 기원에 관해서는 여러 가지 설說들이 분분하지만 대

---

80) 安耕田, 『이것이 개벽이다』, 下, 528쪽에 나타난 「하도」와 「낙서」는 수數로써 『주역』의 원리를 상징하고 있는데, 「하도」는 상생相生의 역리易理를, 「낙서」는 상극相剋의 역리를 표시한 것이다.

략 기원전 4세기경부터 본격적으로 대두하기 시작한 것이고, 반면에 오행설의 기원에 관해서는 『서경書經』의 「홍범洪範」편에서 유래한다고 보는 것이 정설일 것이다. 어쨌든 음양설과 오행설은 그 기원을 달리하면서도 후대에 서로 통합되어 '음양오행설'로 자리를 잡게 되었다고 본다.

음양설과 오행설이 밀접한 융합을 이루게 된 까닭은 어디에 있을까. 그것은 음양동정陰陽動靜의 전개 방식을 보다 구체적으로 이해하기 위해서 다섯 단계로 분리하였다는 데에 있다. 음양론을 분석하면 오행으로 전개되고, 오행은 곧 음양동정으로 압축될 수 있다는 얘기다. 이러한 음양오행론은 오래 전부터 동북아지역에 널리 알려진 학설이 되었고, 이를 근거로 해서 오늘날 우리나라에 널리 퍼져 있는 작명소, 인간의 운명을 점치는 사례 등이 유행하게 된 것이다.

오행의 원리란 구체적으로 무엇을 말하는가. 앞서 보았듯이, 오행이란 우주자연의 삼라만상들이 다섯 가지 방식으로 기운이 모이고 흩어짐을 상象으로 표현한 것이다. 이를 '목木·화火·토土·금金·수水의 기운으로 표기한다. 오행의 특징을 살펴보면, 요컨대 나무와 불과 같은 자연의 형질만을 의미하는 것이 아니고 형과 질이 공존하는 것이라 본다. 즉 형이하形而下와 형이상形而上을 종합한 것으로 물질의 측면과 형상의 측면 모두를 대표하는 상징물이 된 것이다.

음양의 전개 방식이 오행으로 드러난다고 할 때, 혹자는 음양을 기氣로 말하고 오행을 질적인 것으로 표현하여 서로 구분하기도 한다. 이런 입장에 대하여 주자朱子는 "음양은 기운이고, 오행은 형질形質이니, 형질이 있어야 사물이 만들어질 수 있다. 비록 오행은 형질이지만 오행의 기운이 있어야 비로소 만물이 만들어질 수 있다. 그러나 음양의 두 기운으로 나뉘어 다섯이 되는 것이지 음양 밖에 별도로 오행이 있는 것은 아니다."[81]라고 주장한다.

주자가 설파했듯이, 오행은 자체로 형질形質의 변화를 함축한다. 즉 오행은 음양의 기氣가 움직이는 어떤 양식이면서 그 자체가 어떤 추상적 개념을 포함하게 되는 셈이다. 다시 말해서 천지의 만물들이 화생化生하는 것은 음·양의 두 기운氣運의 율동 때문이고, 음·양이라는 두 기운의 흐름은 서로 융합하여 다섯 가지 방식으로 확산되어 일정한 질서를 가지고 작용하는데, 이로부터 사물의 형질변화가 일어난다고 하는 것이다. 그렇다고 오행에 기氣가 없는 것은 아니다. 이는 오행에는 형질과 기氣가 상호 융합되어 있는 것이지 양자가 따로 떨어져 독립적으로 존재하는 것이 아니라는 얘기다.

----

81) "陰陽是氣, 五行是質, 有這質 所以做得物事出來. 五行雖是質, 他又有五行之氣做這物事 方得. 然却是陰陽二氣截這五簡, 不是陰陽外別有五行."(『朱子語類』卷一「理氣上」四十八).

'도서圖書'의 상수象數와 오행

이제 음·양의 두 기운이 어떤 방식으로 서로 대립하고 조화하는 과정을 거쳐 오행원리로 확대되는가를 살펴보자. 이를 보다 선명하게 이해하기 위해서 우리는 「하도河圖」와 「낙서洛書」의 도상 역학圖象易學의 상수象數 원리를 토대로 오행이 어떻게 성립하는가를 분석해봄이 좋을 것이다.

오행을 말함에 있어서 왜 「하도」와 「낙서」를 알아야 하는가. 그 까닭은 우주자연이 어떻게 창조 변화해 가는가에 대한 신비를 「하도」와 「낙서」가 오묘하게 전하고 있기 때문이다.

특히 「하도」는 음·양의 조화로 우주자연이 어떻게 창조되는가를 밝혀주는 "우주창조의 설계도"이며, 그 변화의 과정을 오묘한 상수象數 논리로 신비롭게 알려주고 가르쳐 주는 "우주변화의 암호 해독판"[82]이라 할 수 있다. 이와 관련해서 증산상제는 "龜馬一圖今山河여 幾千年間幾萬里로다. 하도와 낙서의 판도로 벌어진 오늘의 산하 수천년 동안 수만리에 펼쳐져 있구나."(『도전』2:143:4)라고 가르친다. 한마디로 말해서 현상의 우주자연은 「하도」와

---

82) 「하도」는 우주 천지 만물들과 생명[氣]들로 하여금 각각 음·양의 짝을 이루어 변화할 수 있게 하고 개벽시켜나갈 수 있게 하는가에 관한 "우주 창조의 설계도"이며, 이것들이 어떻게 스스로 존재하고 변화하는지를 오묘한 상수象數 논리로 신비롭게 알려주고 가르쳐 주는 "우주 변화의 암호 해독판"이다.(安耕田, 『이것이 개벽이다』, 下권, 527쪽 참조)

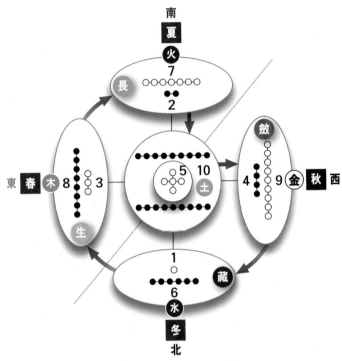

하도에 근거를 둔 오행의 순환도

「낙서」에 근거해서 광대하게 펼쳐진 모습이라는 얘기다.

　「하도」와 「낙서」의 도상역학은 어떻게 해서 세상에 전해지게 되었는가. '도서圖書'에 대해서 『주역』에는 "황하에서 (용마의) 그림이 나오고 낙수에서 (거북이 등에 새긴) 글이 나왔으니 성인은 이것을 본받는다."[83]고 기록되어 있다.

---

83) "河出圖 洛出書 聖人則之."(「繫辭 上」十一章)

주자는 '도서'의 기원에 대해서 보다 구체적으로 제시하고 있다. '도圖'는 복희씨가 하늘의 뜻을 받들어 왕을 할 적에 용마가 황하에서 등에 무늬를 짊어지고 나온 것을 본받아 글자가 없어서 상象과 수數로 그려낸 '하도'를 말하는데, 복희씨는 이를 토대로 팔괘를 그렸다고 하고, '서書'는 하夏나라 우왕이 홍수를 다스릴 적에 등에 무늬가 있는 신귀神龜가 나왔는데, 등에 나열되어 있는 수를 차례로 배열한 것에서 유래한 '낙서洛書'를 말한다고 한다.[84]

용마의 등에 그려낸 문양으로부터 복희씨伏羲氏가 그려낸 하도는 수數를 배합해 본다면 1에서부터 10까지의 상수로 이루어져 있고, 거북이 등에 그려진 점을 우왕이 수로 배열한 낙서는 1에서 9까지의 상수로 이루어져 있는데, 모두 역리를 상징한다.

「하도」와 「낙서」에 음양오행론을 배합함에 있어서 결정적으로 중요한 것은 「하도」이다. 왜냐하면 「낙서」의 근본은 「하도」에 있기 때문이다.

그럼 「하도」가 뜻하는 상수象數를 설명해 보자. 여기에서 동그라미의 개수는 수를 표상한 것인데, 검은 점은 음수陰數, 하얀 점은 양수陽數를 상징한다. 음수와 양수는 일정한 공간에 배치되어 있다. 중앙은 본체수를 뜻한다. 이는 5와 10으로 중수中數를

---

84) 朱子, 『周易』「易本義圖」, 참조.

	水	火	木	金	生
생수	○ 1	●● 2	●●● 3	●●●● 4	○○○○○ 5
성수	●●●●●● 6	○○○○○○○ 7	●●●●●●●● 8	○○○○○○○○○ 9	●●●●●●●●●● 10

태극의 생수生數와 성수成數

표시한 것이다. 여기로부터 1·2·3·4는 생수生數를 규정하는 근거수로 삼는 것이고, 여기에 중앙의 본체수인 5를 각기 더한 6·7·8·9는 성수成數를 규정하는 근거수로 삼는 것이다. 그리고 중앙에 중수의 본체수는 5와 10의 합수로 15가 된다.

우주만유의 생명은 음양의 조화造化로 창조변화하게 된다. 음양과 생성의 수를 배합해 보면, 양1·음6, 양3·음8, 양7·음2, 양9·음4, 그리고 양의 중수5·음의 중수10이 짝을 이룬다. 여기에 음양오행의 기운을 배합하면, 1·6수水, 3·8목木, 2·7화火, 4·9금金, 그리고 5·10토土로 표기할 수 있다.

오행의 형질로 전환되는 태극수太極水

이제 태극의 음양작용이 오행의 형질이 되는 수水로 어떻게 전환될 수 있는가를 알아보자.

먼저 「하도」에 근거를 둔 오행의 순환도循環圖를 관찰해 보는 것이 좋을 것이다. 여기에서 태극이 율동律動하면 한번 음陰하고 한번 양陽하게 됨을 보게 되는데, 이는 양이 극極에 이르면 음이 되고, 음이 극에 이르면 양이 된다는 뜻이다. 이를 상수로 말하면, 한번은 홀수로 한번은 짝수로 표기되는데, 양의 수인 홀수는 하늘에 속하고 음의 수인 짝수는 땅에 속한다고 할 수 있다.

이 논의를 토대로 해서 태극의 음양동정과 형질을 결합하여 말해볼 수 있을 것이다. 즉 기氣로서의 태극이 움직이기 시작하면 양이 생生하고, 기가 모여서 고요해지면 물[水]이 이루어진다. 수水는 양에서 생生하여 음에서 이루어지기 때문에 기의 움직임에 의해 최초로 생겨나는 것은 물이며, 물이 만물의 근원이 되는 것이다. 이것이 만유의 창조변화의 근원으로 일태극수一太極水가 나오게 되는 까닭이다.

문제는 일태극수가 왜 양의 특성으로 규정되는가 하는 것이다. 다시 말해서 생명의 근원으로서의 물[水]은 본질적으로 왜 양의 수水인가.

역易의 원리에서 볼 때, 물[水]은 중남中男으로 양이고 불[火]은 중녀中女로 음이다. 물은 본래 양의 습기濕氣로써 처음 움직일 때 음이 빠져있기 때문에 음이 커지면서 물을 이긴다. 불은 본래 음의 마른 기[燥氣]로써 처음 움직일 때 양이 덮고 있기 때문에 양이 불을 이긴다. 이로써 음양이 순환하게 된다고 보는 것이다. 그런데 자연의 성질에서는 그 음과 양이 바뀐다. 물은 안이 밝고 밖이 어두우며, 불은 안이 어둡고 밖이 밝다. 양이 음에 빠지면 수水가 되고, 음이 양에 붙으면 화火가 된다.

불은 습濕에서 생기고 물은 조燥에서 생한다. 불과 물은 기이고 습濕과 조燥는 질質이다. 음은 양으로써 질을 삼고 양은 음으로써 질을 삼는다. 기는 잠재적인 것으로서 사물로 드러난 것이 아니기 때문에 어두운 곳에서 가만히 움직인다. 질은 형체를 갖고 있기 때문에 밝은 곳에서 나누어져 솟아 있다. 여기로부터 우리는 형체의 측면에서 보면 물이 음기이지만 내면에는 양기이고, 반면에 본질의 측면에서 보면 물이 양기이지만 내면에는 음기라고 말할 수 있게 된다. 불에 관해서도 이와 마찬가지이다.[85] 형체의 측면에서 보면 불이 양기이지만 내면에서는 음기이고, 반면에 본질의 측면에서 보면 불이 음기이지만 내면에는 양기가 되는 것이다.

따라서 본질의 측면에서 보면 일태극수는 양기로서 생명 창조의 모체母體가 된다. 다시 말해서 무극은 우주자연의 본원으로서 어떠한 형체도 아무런 특성도 치우침도 없는 바탕이다. 무극을 본원으로 해서 태극이 작용하게 되는 데, 이는 근원의 바탕이 창조의 씨앗이라고 불려지는 태극수太極水로 전환된 것을 의미한다.

---

85) 박재주, 『주역의 생성논리와 과정철학』, 346-347쪽 참조.

태극수는 역易에서 감위수坎爲水 괘[☵]로 규정한다. 그러니까 감위수 괘[☵]는 '일태극수一太極水'라고 하는 것이며, 이는 창조의 유형을 이루어낼 수 있는 형상과 이를 실현할 힘[氣]를 동시적으로 갖고 있는 상태로서 영수靈水라고도 알려져 있다. 영수인 일태극수에는 형상과 기운氣運이 신묘하게 통일되어 있으면서 생성의 응기應氣가 극에 달해 즉시라도 만상이 발현될 수 있는 준비가 끝난 상태이다. 바로 이러한 점에서 일태극수는 현상계의 생성의 출발이요 모체라고 불려질 수 있었던 것이다.[86]

생수生數

일태극수는 우주 만물의 창조의 출발이요 근원적인 본체가 된다. 이는 물질적으로는 음의 상태인 것으로 보이지만 본질적으로는 양의 상태로 수數 '일一'로 표기한다. 방위로는 하루의 시작과 마찬가지로 일년一年의 시작이 동지冬至이기 때문에 북방의 물의자리北方水位에 위치하게 된다.

오행의 순환도에서 보듯이, 일태극수가 작용하여 분열의 극極에 도달하면, 수水가 본래의 자기 모습과는 정 반대의 성질인 음陰, 즉 불[火]의 힘이 된다. 화火는 음의 수數 '이二'로 표기한다. 방위로는 북방과는 정 반대인 남방에 위치하게 된다. 이는 양의 힘

---

86) 韓東錫, 『宇宙變化의 原理』, 44쪽 참조.

의 분열 과정이 무한히 계속되지 않고 불이 되며, 불의 힘이 다시 음의 수렴 운동을 통해 본래의 자기 자신에게로 귀환[原始返本]하게 됨을 뜻한다.

문제는 분열의 힘인 양의 수水가 '어떻게' 수렴의 힘인 음의 화火으로 전환되고, 음의 힘인 화火가 어떻게 양의 힘인 수水에로 전환되어 순환되고 있는가 이다. 이 문제는 상당히 중요하다. 왜냐하면 분열의 힘과 수렴의 힘은 반대적인 개념이기 때문이다. 여기에서 만일 서로 반대적인 두 힘을 매개할 제3의 힘이 없다면 우주 삼라만상들의 생장염장에 따른 '순환적인 과정'이란 불가능하다. 왜냐하면 삼라만상은 계속적인 분열 발달의 성장만이 존재하거나 수렴 통일만이 존재할 것이기 때문이다. 그러나 이는 경험적인 사실을 통해 볼 때 명백히 불가하다.

따라서 음양기운의 순환은 제3의 기운을 전제로 해서만 가능하다는 것이다. 즉 분열의 양의 힘과 수렴의 음의 힘을 조화롭게 조절하는 원리, 즉 음의 힘도 아니고 양의 힘도 아닌, 그럼에도 불구하고 음의 힘도 되고 양의 힘도 되어 양자의 힘을 포괄하여 매개하는, 관계의 끈이 될 수 있는 중성적中性的인 힘이 필연적으로 있어야 한다는 얘기다. 이 중성적인 힘은 음과 양을 포함하고 있어서 양쪽을 조화롭게 결합하여 천지 만물들을 '순환적인 성장 변화'의 과정으로 이끌 것이다. 이 중성의 조화의 힘을 토土의 힘, 또는 주재主宰의 힘이라고 하고 상수象數로는 오토五土와 10 토十土로 표현하고 있다.

　오행의 순환도에서 중성의 조화 생명수生命數 토土의 힘은 결정적으로 중요한 역할을 담당한다. 하나는 생장의 과정에서 조화로운 분열을 위한 주재의 작용을 하고, 다른 하나는 수렴의 과정에서 조화 통일을 위한 주재의 작용을 하기 때문이다. 달리 말하자면 한편으로는 오토五土의 중성적인 힘은 용출湧出하는 일수一水의 힘과 분열의 극점인 이화二火를 적당히 융합하고 조절하여 성장의 목木의 힘을 만들기도 한다. 오토의 중성적인 힘에 의해 수水와 화火가 조화 융합되어 나온 목의 힘은 상수로는 삼三으로 표현되고 있다. 만일 오토의 이러한 주재 작용이 없다면 사물들은 탄생의 순간 분열의 극한점(形質의 도달점)에 도달하게 될 것이다. 이것은 불가하다. 이런 맥락에서 수水는 목木을 생하고[水生木], 목木은 화火를 생한다[木生火]고 말해진다.

　다른 한편으로는 생장의 정점에 도달했을 경우 토의 중성적 힘이 결정적으로 작동하게 되는데, 만일 생장의 정점에서 토의 조화 통일의 주재 작용이 없다면, 천지 만물들은 생장의 분열만 있든가 아니면 생장의 정점에 영원히 멈추어 있게 될 것이다. 그렇게 되면 새로운 탄생을 위한 수렴 통일이란 성립할 수 없다. 즉 우주 삼라만상들이 점진적으로 진행되는 생장염장의 순환적 변화 과정이란 불가능하게 된다는 얘기다. 이것은 불가하다.

따라서 분열의 극점[火]에서 완성을 목적으로 전환시키는 조화의 힘, 즉 중성적인 십토十土의 힘이 작동하는데, 이 힘은 점진적인 분열의 힘을 누르고 수렴 통일의 힘을 발휘하도록 음·양의 힘을 조절하고 조화하는 기능을 담당한다[火生土]. 이점에서 토土의 중성적 힘은 생명의 근원인 일수一水와 삼목三木을 조화하여 금의 가을 기운을 이루게 하는데[土生金], 금의 가을 기운은 상수로는 사四로 표현되고 있다.

성수成數

생수生數의 순환 원리로서 음양론이 이렇다면, 성수의 과정은 어떻게 이루어지는가. 앞서 양수陽數인 홀수는 하늘에 속하고 음수陰數인 짝수는 땅에 속한다고 했다. 하늘이 '일一'로 수水를 낳으니 땅이 '육六'으로 이루고, 땅이 '이二'로 화火를 낳으니 하늘이 '칠七'로 이루며, 하늘이 '삼三'으로 목木을 낳으니 땅이 '팔八'로 이루고, 땅이 '사四'로 금金을 낳으니 하늘이 '구九'로 이루며, 하늘이 '오五'로 토土를 낳으니 땅이 '십十'으로 완성한다.[87]

---

87) "天一地二天三地四天五地六天七地八天九地十. 天數五 地數五 五位相得而各有合 天數二十有五地數三十 凡天地之數五十有五 此所以成變化 而行鬼神也."(『周易』「卦辭 上」九章. 참조).

여기에 오행 기운을 대합하여 기술해 보면, 상수 토土의 조화 기운에 의해 성장의 불기운과 수렴의 물 기운을 이룬다고 할 수 있다. 즉 북방의 양수[一水]는 5土와 만나서 6[陰火]의 짝을 이루고, 남방의 음수[二火]는 5土와 만나서 7[陽火]의 짝을 이루어 탄생과 통일의 기운을 이루는 것이다. 이것을 일러 물과 불기운이 음·양으로 동정할 수 있는 태극의 변화의 짝을 갖추었다고 하는 것이다. 나머지 동방의 목과 서방의 금에 있어서도 동방의 양수[3木]가 5土와 만나서 8[陰木]의 짝을 이루고, 서방의 음수[4金]가 5土와 만나서 9[陽金]을 이루게 되는 것이다. 따라서 6水, 7火, 8木, 9金의 순서로 성수가 탄생되는데, 오토五土와 오토의 자화작용自化作用의 합수合數인 십토十土는 완성을 의미한다고 할 수 있다.

이렇게 성수가 탄생되었으니, 이제 일태극수의 음·양 기운이 조화를 이루어 오행으로 순환하게 되는가를 살펴보자. 일태극수에 내포되어 있던 양의 힘(상수로는 1)은 포위를 당하게 되고, 음의 힘(상수로는 6)은 이것을 포위하게 마련이다. 이를 상수로는 1·6 수水라고 한다. 이 경우는 표면에서 포장하는 음의 힘은 강하고, 속에서 분출하려는 양의 힘은 약한 상태이다. 그러나 토土의 조화작용으로 인해 점진적으로 양의 힘은 표면을 포위하였던 음을 확장 부연敷衍하게 되면서 이로부터 만물들의 세계는 점차 양의 주도권 하에 들어가게 된다. 그 과정은 상수로 3·8 목木에서 출발하여 2·7 화火에 이르러 정점을 이룬다고 할 수 있다.

화火의 정점에 이르게 되면, 양의 기운이 약화되고 반대로 음의 기운이 지배하면서 만물의 세계는 수렴 통일의 결실로 진입하게 되는데, 이는 결과적으로 다음의 새로운 탄생을 준비해야하기 때문이다. 이 과정은 상수로 4·9 금金에서 수렴 완결하여 1·6 수水에서 다시 새로운 창조가 시작된다고 말하는 것이다.

이와 같이 생수는 일태극수一太極水가 소지하고 있던 대립적인 두 힘, 즉 음·양의 힘으로 발현되고 있다는 것이며, 음양의 두 힘은 오행의 기운(목·화·토·금·수)으로 드러난다. 목기운은 생수 3과 성수 8의 힘으로, 화기운은 생수 2와 성수 7의 힘으로, 토기운은 생生의 중성수 5와 성成의 중성수 10의 힘으로, 금기운은 생수 4와 성수 9의 힘으로 확장되어 표현되고 있음을 알 수 있다.

오행은 바로 음·양이 발전 성취하는 모습인 것이다. 이를 증산상제는 "수화금목水火金木이 대시이성待時以成 하나니 수생어화고 水生於火라. 故로 천하天下에 무상극지리無相剋之理니라. 수화금목[四象]이 때를 기다려 생성되나니, 물[水]이 불[火]에서 생성되는 까닭에 천하에 서로 극克하는 이치가 없느니라."(『도전』 4:151:3), 4편 98장 1)고 하였던 것이다.

그런데 증산상제는 "물[水]은 불[火]에서 생한다."고 하였을까. 내면으로 보자면 수水는 창조의 씨앗이 발아하는 모습이고, 화火는 형질形質로서 드러난 모습을 의미한다. 이는 수기운水氣運과

화기운火氣運이 생장변화의 새로운 전환점이 됨을 말해주고 있
다. 오행五行의 단계적 순환에서 보면, 수기운의 정점에서 발아한
만유의 생명은 목의 양기운에 의해 싹이 터서 화기운에 의해 성
장의 정점에 이르게 된다[生長]. 그리고 화기운의 정점에서 금화
교역金火交易을 통해 새로운 창조의 씨앗이 마련되기 시작하고,
음의 금기운에 의해 완성이 되어 다음의 탄생을 준비하기 위해
휴식에 들어간다[斂藏].

양의 화기운이 음의 금기운으로 전환함은 만유의 생명이 근원
을 찾아 복귀하는 형국이다. 금기운에서 수기운으로 전환함은
새로운 탄생을 준비하기 위해 만유의 생명이 휴식을 위해서이다.
우주변화의 원리에서는 이를 "원시반본原始返本"이라 말할 수 있
다. 오행의 순환원리에서 볼 때, "물[水]은 불[火]에서 생한다."고
하고, 역으로 "불[火]은 물[水]에서 생한다."고 말하는 까닭이 여
기에 있다. 이를 도수度數로 말할 때, 생장분열의 양기운[火]에서
수렴통일의 음기운[水]으로 진행됨을 '순도수順度數'라 부르고, 수
렴통일의 음기운[水]에서 분열생장의 양기운[火]으로 진행됨을
'역도수逆度數'라 부르고 있다.

'역도수'는 양이 주도하는 때를 말하는데, 선천의 분열생장의
동적動的인 시대, 건도시대乾道時代가 그것이다. 반변에 '순도수'는
음이 주도하는 때를 말하는데, 후천의 수렴 통일의 정적靜的인

시대, 곤도시대坤道時代가 그것이다.

오행의 순환원리 적용

우주 만물들이 운동 변화하는 모습이란 사실상 음양의 점진적인 운동인 것이며, 이것을 좀 더 구체적으로 보면 오행의 운동인 셈이다. 이것을 일러 음·양 오행론이라고 하지만 사실은 음양론陰陽論은 오행론五行論의 근간이고, 오행론은 음양론의 지엽으로 볼 수 있다.

음양 오행론에서 음과 양의 융합인 태극은 논리적으로 목·화·토·금·수로 확장 분리된다. 원론적으로 말해서 천지만물을 움직이는 근원적인 힘은 이 다섯 가지라고 말할 수 있다. 생장분열을 야기하는 양의 힘은 목화의 기운이고, 수렴통일을 야기하는 음의 힘은 금·수이며, 음양을 조율하여 순환을 유도하는 중성의 힘은 토이다. 그러니까 태극에서 발현된 음양이라는 두 대립적인 힘은 변화의 중성 조화자리 토土를 주축으로 하여 천지 조화의 이상을 순환적으로 펼치는 변화작용의 원천인 셈이다.

오행의 순환원리에서 주목해야 할 것은 5토五土와 10토十土의 주재 기운이다. 금기운에서 수기운으로, 수기운에서 목기운으로, 목기운에서 화기운으로 전환할 때에는 5토의 기운이 대립적인 음·양의 기운을 조화하여 만유의 생명을 생장시키지만, 화기운에서 금기운으로 전환할 때에는 금화金火가 교역하여 만유의 생명이 원시반본으로 결실을 하게 되는데, 10토의 기운이 이를 주재한다는 것이다. 그렇기 때문에 우주자연의 천지 만물은 생장염장이라는 순환과정으로 진행하게 된다고 보는 것이다.

오행의 순환 원리는 극미極微의 원자 세계나 극대極大의 천체에도 전적으로 적용되는 원리이며, 낮과 밤의 주기적인 교차나 사계절四季節의 주기적인 반복도 이 원리에서 벗어날 수 없는 것이다. 이러한 생명의 순환의 주기성을 크게 이분하여 구분해 보면 전반기는 창조와 성장이고, 후반기는 완숙과 재창조의 과정을 끊임없이 반복한다는 사실이다.

우주 변화의 근본 원리는 음양론에 의거한다. 우주자연은 음양으로 전개되면서 모든 시간과 공간의 주기에 적용되기 때문에, 천지天地, 건곤乾坤, 율려律呂 등의 개념적 성질도 그와 같은 방식으로 대응해서 적용되는 것들이다. 그러기에 천지, 건곤, 율려 등은 천지 만물이 음·양으로 작용한다는 구조적인 표현에 지나지 않는다.

음·양의 기운이 확장된 오행의 순환원리는 역도의 사상四象 체계에도 적용하여 이해할 수도 있다. 음양작용의 비율에 따라 태음太陰, 태양太陽, 소양少陽, 소음少陰으로 나눈 것이 그것이다. 시간적으로는 전개될 적에는 사시四時(춘하추동春夏秋冬)에 배합될 수 있고, 공간적으로 전개될 때는 사정방위四正方位(東南西北)에 배치할 수 있다. 그리고 중앙에는 음양의 기운을 조화하여 주재하는 중성 조화기운인 토土가 위치해 있다. 토의 자리에 위치한 주재정신은 우주창조의 절대자일 수밖에 없다. 그렇기 때문에 우리가 자신의 존재 의미를 제대로 알기 위해서는 우주 변화의 진실, 즉 음양 사시와 우주의 주재정신을 알아야 하는 까닭이 여기에 있다.[88]

3. 황극皇極의 원리

앞서 형질을 가진 우주 만물이 창조 변화되어 갈 수 있었던 근거는 무극無極의 극점에서 나온 일태극수一太極水에 있음을 밝혀보았다. 좀 더 상술詳述하자면, 시간성의 차원에서 볼 때 무극의 '열림'은 곧 태극이요, 태극은 바로 천지의 열림으로 음양 작용의 시작이다. 일태극수에서 출범한 만유의 생명은 음·양의 조화기운으로 말미암아 생성분열로 치닫고, 그 정점에서 수렴통일로 전환하여 다음의 새로운 탄생을 준비한다.

....

88) 이와 관련하여 태모 고수부는 다음과 같이 말한다 : "사람끼리 말을 하면서도 서로 속을 모르느니라. 사람이 사람 속을 모르니 인화人和하기가 제일 어려우니라. 상통천문上通天文은 음양 순환 사시四時를 알아야 하고, 하찰지리下察地理는 백곡百穀을 풍등豐登시키는 이치를 알아야 하고, 중통인의中通人義는 만유가 생성하는 이치를 알아야 하느니라. 무성무취無聲無臭 신부지神不知니라."(『도전』11:102:1-7).

태극은 음양기운의 작용으로 말미암아 만유의 생명이 어떻게 창조변화의 과정으로 진행되는가에 대한 존재론적 근거였다. 이제 음양의 기운이 작용하여 만유 생명이 탄생에서 성장으로, 성장에서 수렴으로, 수렴에서 통일로, 통일에서 재탄생으로 작용하게 되는 근거를 밝혀보자. 이 문제는 만유의 생명이 어떤 근거에서 분열과 통일을 반복하면서 생장염장으로 순환할 수밖에 없는가 하는 조화와 주재성의 존재론적 근거를 밝히는 것이다. 이 조화와 주재성의 원리는 바로 황극皇極이라고 일컫는다.

1) 태극과 황극의 관계

우주만유의 생명이 무극의 통일작용(내변작용內變作用)에 의해 결실하는 것과는 달리, 태극은 음·양의 외화작용外化作用으로 말미암아 형形과 기氣를 확장하면서 창조변화의 출범을 시작한다. 즉 음·양의 묘합작용을 거듭함에 따라 만유의 생명이 화생化生하고 세분화細分化할 준비를 한다.

태극의 음·양 기운은 어떻게 분열 생장의 힘으로 작동하기에 만유가 화생하여 성장으로 진입하게 되는 것일까. 그 까닭은 무극에서 통일하던 때의 주정세력主情勢力이었던 음기陰氣가 여기에 오면 그 세력을 잃고 도리어 분산되어야 할 운명에 빠지기 때문이다.

음기가 분산되고 양기가 용출하는 과정은 음·양의 "승부작용
勝負作用"이라고 말할 수도 있고, 음양의 상극작용相剋作用이라고
설명할 수도 있다. 즉 무극의 '열림'인 태극에서 출발한 음·양의
승부작용을 통해 우주만물의 생명기운이 세분화되는데, 양기운
의의 압박으로 인하여 분열되는 음기가 전진함으로써 만유생명은
탄생하게 되고 분열생장의 극極에까지 이르게 된다. 분열생장의 극
점에 이르면 음양의 세력을 구분할 수 없는 지경이 된다.

주재성主宰性의 의미

바로 이 시점에서 명백히 해결하고 넘어가야 할 난제難題가 숨
어 있다. 만일에 분열 생장의 도달점이 없다면 음양의 대립이 병
존하면서 분열 생장은 무한히 계속될 것이다. 그러나 우주자연
의 현실은 그렇지 않다. 아름다운 꽃은 새 싹이 터서 성장하여
열매를 맺고 시들어 버리고, 사람은 사람으로 태어나 성장하여
자신을 닮은 자식을 낳고 점차 늙어 죽기 마련이다. 이러한 과정
을 통하여 우주의 삼라만상은 '생장염장'의 순환을 명백히 반복
하고 있다는 사실이다.

이러한 순환적인 반복이 지속되기 위해서는 음양의 세력, 달리
말하면 태극을 조절하고 통제하여 조화로운 생장으로 이끈 다
음, 매듭을 지어 새로운 창조의 출발을 준비시키는 어떤 주재성

主宰性의 원리가 필연적으로 요구될 것이다. 이제 '무엇이 주재성의 원리가 되느냐'의 문제, 즉 태극수太極水에 잠재적으로 갖고 있던 형상의 실현을 무엇이 목적에 도달할 때까지 지속적으로 조절하고 조율하며 다시 매듭기로 유도하는가의 주재성의 원리에 대한 탐구가 남아있다.

"주재"란 무엇을 뜻하는가. 그것은 글자 그대로 말하면, '주인 주主'에 '마름질할 재宰'로 '주체가 되어 특정한 영역을 맡아 조율하여 다스린다.'는 뜻이 핵심이다. 이는 현실적으로는 우주 삼라만상을 조율하여 다스리는 '주재자主宰者'[89]를 지칭하고 있지만, 존재론의 근거를 논의하는 관점에서는 음·양의 기운을 조율하여 만유의 생명을 목적으로 이끄는 '주재성의 원리'를 함의한다.

주재성의 원리로서 황극皇極

우주론에 관한 한 주재성의 원리를 따로 구분하여 논의하는

----

89) 우주 삼라만상들을 조율하고 통제하는 주재자(主宰者)에 대하여, 『도전』 1편 5장은 주자의 이론을 제시하고 있다 : "'무엇이 주재가 되느냐'는 물음에 다시 말하기를 '하늘에는 스스로 주재의 자리가 있나니 … 언어로 능히 다 말할 수 없느니라. 사람들이 다만 주재로서 제(帝)를 설명하고 그 형상이 없다고 이르나 참으로 바르게 깨닫기가 어려우니라.'"고 전한다. 이러한 논의는 주자(朱子)의 저술 속에도 함축적으로 시사되어 있다. "帝是理爲主. 蒼蒼之謂天 運轉周流不已 便是那箇. 而今說天有箇人在那裏批判罪惡 固不可. 說道 全無主之者 又不可. 這裏要人見得"(『朱子語類』卷 一, 21-22 참조).

것은 다소 의문이 들 소지가 있을 수 있다. 요컨대 동양 철학에서 논의되고 있는 형이상학적인 우주론에서 보면, 실제적인 주재 원리에 대한 근거는 이미 태극의 원리 속에 포장되어 있다고 볼 수 있기 때문이다. 앞서 밝혔듯이, 태극 자체는 이미 창조의 씨앗(이치로서의 실현 목적)과 창조를 일으키는 변화인(음양기운의 힘)이 혼합이 아닌 혼융混融되어 있는 상태이기 때문에, 태극이 주재성의 원리를 포함한다. 따라서 우주 삼라만상들의 조화로운 전개과정은 단순히 태극 자체가 스스로 그렇게 창조되어 완성해 가는 것이며, 이는 곧 창조되어 존재하는 것은 모두 자발적으로 생장염장이라는 순환을 거치는 것이라고 주장할 수도 있다는 얘기다.

그러나 필자는 바로 이점에서 작용 목적의 측면을 고려하여 주재성의 원리를 따로 끄집어내어 정의해 보려고 시도한다. 이를 우리는 어디에서 이끌어낼 수 있을까.

우선 현상세계에서 벌어지는 만유의 생명을 관찰해 보자. 요컨대 천지 만물들은 생장염장이라는 순환적 과정으로 진행되고 있다. 이 과정을 분석해 보면 크게 네 단계로 나눌 수 있다. 전반부는 만유생명의 창조로부터 시작하는 탄생과 분열[生長]의 과정이다. 반면에 후반부는, "후천은 온갖 변화가 통일로 돌아가느니라."(『도전』2:19:7)고 했듯이, 분열을 끝내면서 매듭을 지어 수렴

황극의 주재원리

통일로 넘겨주어 재창조를 준비하는 과정[斂藏]이다.

음양론의 관점에서 볼 때, 만유의 생명은 전반부에서 음양의 승부작용勝負作用을 통하여 생장의 극점에 이른다. 생장의 극점에 이른 만유 생명은 음양 세력의 반전을 통하여 결실을 하게 되고, 다음의 새로운 창조 변화를 준한다. 여기에서 주재성의 원리는 음양의 세력을 조율하는 것에서 찾아져야 할 것이다.

삼극론의 관점에서 볼 때, 주재성의 원리는 황극과 무극이어야 한다. 황극의 주재성은 창조 변화의 출발에서부터 시작하여 생장의 극점에 이르는 과정에서 확인될 것이고, 무극의 주재성은 음양의 반전을 통하여 만유의 생명이 결실을 보게 되는 과정에서 확인될 것이다. 주재성의 원리에서 볼 때 황극과 무극의 차이는 무엇인가.

우주 만물은 성장의 정점頂點에서 수렴 통일을 준비한다고 말하는데, 무극의 '열림'인 태극에 이르러 음양 세계의 동정動靜이 창조를 위한 기氣의 응결을 완수하게 되고, 응결된 기는 다시 분열 생장을 완수하는 황극의 길로 접어들게 된다. 여기에서 황극은 태극을 키워서 다시 무극으로 넘기기 직전까지, 달리 표현하면 만유의 생명이 원시반본原始返本의 상태로 진입하기 직전까지를 의미한다. 한마디로 말한다면 태극의 기운을 확장 조절하고 또한 이미 극점에까지 확장된 태극을 무극으로 환원시키는 마무리 역할을 하는 것이 황극의 주재 원리라 볼 수 있다.

황극의 주재 원리에 대해서 한동석韓東錫은 다음과 같이 명백하게 시사하고 있다 : "분열지기分裂之氣가 아직도 상존하는 곳을 황극이라고 하는 것인 즉 황극과 무극은 실로 호충간발毫釐間髮의 차이다. 그럼에도 불구하고 우주가 두 개의 극을 필요로 하는 것은 황극은 무극과 동일가치同一價値의 중中이 아니므로 역건괘易乾卦에 말한 바와 같은 '항룡유회亢龍有悔'의 경계를 요하는 위험한 위치인 것이다. 그러나 황극은 무극의 보좌역인즉 우주에 만일 황극이 없다고 하면 무극을 창조할 수 없고 무극이 창조되지 못하면 세계는 조화와 통일을 이룰 수가 없게 된다."[90]

그러므로 음양론의 관점에서 볼 때 황극은 창조변화의 모체가 되는 일태극을 유도하여 창조된 천지만물을 조화로운 성장에로 이끌고, 성장의 마무리를 준비하여 염장으로 넘어가도록

---

90) 韓東錫,『宇宙變化의 原理』, 46쪽

주재하는 것으로 정의할 수 있다. 황극의 이러한 주재원리가 있기 때문에 천지만물이 생장염장의 지속적인 순환이 가능하게 되는 것이다.

그러면 오행론에서 황극의 원리는 어떻게 규정해볼 수 있을까. 그것은 조율 능력 자체가 함축하고 있듯이, 오행론에서 황극의 원리는 조화정신의 중성생명이라는 것에서 작용 근거를 찾아야 할 것이다. 여기에서 필자는 황극의 역할을 분석하여 밝혀보겠는데, 우선 상수象數 원리에 근거한 음양 변화, 즉 오행의 움직임을 창조하고 자율적으로 조절하여 편향됨이 없고 순환적으로 움직이게 하는 주재성으로서의 오황극五皇極을 검토해볼 것이다.

2) 오행五行의 원리와 주재성으로서의 오황극

우주자연에서 실질적인 생장 변화의 중추적인 주재 역할을 하는 것이 곧 황극皇極이라고 말한다면, 그렇게 말해지는 근본적인 이유는 무엇 때문인가. 황극의 존재론적 근거는 음양의 두 기운을 적절히 통제하고 조절하여 만유의 생명을 점진적으로 분열 생장시킴으로써 형形의 목적을 실현할 때까지 매개하고 주재하는 조화정신으로서의 주재 자리에서 찾아져야 한다. 오행론에서 그것은 중성적中性的인 특성을 가진 음양 기운이어야 한다.

음양 기운의 변화과정에서 볼 때 중성적인 특성의 조화정신은 자체로 양의 기운도 음의 기운도 아니지만, 그럼에도 양의 기운도 되고 음의 기운도 될 수 있는 힘이어야 한다. 이는 곧 양자에 공통적으로 속할 수 있는 것이어서 양자를 매개하는 힘을 가질 수 있게 됨을 함축한다.

황극의 조율작용에 대한 이론적 근거를 오행론에 근거하여 탐구해 볼 때, 황극의 존재론적 근거는 음양의 자화작용自化作用과 대화작용對化作用을 통제하고 조절하는 5토의 자리에서 찾아져야 마땅하다. 요컨대 음양 오행론에서 황극의 존재론적 근거는 오토이기 때문에, 황극은 곧 오황극五皇極의 주재성을 의미할 수밖에 없다는 얘기다.

황극의 개념에 대한 문헌적 근거

오황극의 실질적인 기능 내지는 이론적 근거를 파악하기 위해서는 오토五土의 작용에서 그 전모가 드러난다고 보는 것이 합당하다.

문제는 황극과 오토의 본질적인 역할을 어디에 근거를 두고서 설득력 있게 일치시킬 수 있을 것인가이다. 이 문제를 해결하기 위한 보다 합리적인 대안은 원초적인 전거典據를 찾아 추적해 감으로써 그 해결의 실마리를 찾아 풀어보도록 하는 것이 좋을 것이다.

우선 '황극皇極'과 '오행五行'의 개념이 등장하는 문헌적 출처를 알아보도록 해 보자. 황극과 오행의 개념은 아마 기자箕子가 설했다는 「홍범洪範」에서 그 흔적이 찾아질 수 있을 것이다.

오행의 개념이 등장하는 『상서尙書』 「홍범」의 기록을 살펴보면, "기자가 다음과 같이 말씀하였다. 내가 들으니, 옛날에 곤鯀이 홍수를 막아 오행을 어지럽게 진열하자 상제가 진노하여 홍범 구주를 내려주지 않으시니, 이륜彝倫이 무너지게 되었다. 곤이 귀양 가서 죽고 우왕이 뒤이어 일어나자 하늘이 우왕에게 홍범 구주를 내려주시니, 이륜이 펴지게 되었다."[91]고 전한다.

「홍범」사상의 뿌리는 상제上帝가 우왕禹王에게 전했다는 「낙서」에 근거를 두고 있는 것으로 보인다. 앞서 밝혔듯이, 「낙서」의 근원적인 출처는 천지만물의 변화를 드러내는 상수 원리로서 상제가 성인聖人에게 내려준 신령한 거북이[神龜]에 기원을 두고 있다. 이는 하夏나라 우왕禹王 때에 등에 1에서부터 9까지의 점이 박혀 있는 거북이가 나오니, 이것이 곧 「낙서」로 「홍범」의 근원이 되었다는 것이다.

「홍범」이 「낙서」에서 나왔다는 직접적인 표현도 있다. "하늘

---

91) "箕子乃言曰. 我聞, 在昔鯀 陻洪水 汨陳其五行, 帝乃震怒不畀洪範九疇, 彝倫攸斁. 鯀則殛死, 禹乃嗣興, 天乃錫禹洪範九疇, 彝倫攸敍."(『尙書』卷七「洪範」).

이 우왕에게 신귀神龜를 주어 무늬를 지고 나와 등에 나열되었는데 수數가 9까지 있으므로 우왕이 마침내 이것을 인하여 차례로 나열해서 구류九類를 이루었다."[92]고 기록되어 있다. 또한 "『한지漢志』에 이르기를 우왕이 홍수를 다스림에 하늘이 「낙서洛書」를 내려주므로 이것을 본받아 진열하니 홍범이 이것이라고 하였으며, 『사기史記』에 무왕武王이 은殷나라를 이기고 기자에게 찾아가 천도天道를 묻자 기자가 홍범을 말했다."[93]고 한다. 이를 근거로 삼아볼 때, 「낙서」가 바로 「홍범」의 직접적인 근거가 된다고 확신할 수 있을 것이다.

「홍범」의 "구주九疇"를 보면, 다섯 번째에 '황극'의 개념이 직접적으로 등장한다. 「낙서」가 「홍범」의 직접적인 근거라면, 문제는 「낙서」에서의 오토五土와 「홍범」에서의 황극을 어떻게 일치시킬 수 있는가 하는 것이다. 말하자면 「낙서」에서 상수象數의 배열은 구조적으로 오행의 원리와 일치하는데, 「낙서」의 구수九數 중에 중앙의 오토가 어떤 근거에서 「홍범」의 구주에 등장하는 중앙의 토土와 같다고 할 수 있는가를 밝히는 것이 중요하다.

우선 <홍범배괘도洪範配卦圖>를 간략하게 살펴보자.

---

92) 성백효 역주, 『서경집전』 하, 54쪽(이는 「홍범洪範」 "天與禹神龜 負文而出 列於背 有數至九 禹遂因而第之 以成九類"를 공씨孔氏가 주해註解를 단 것이라고 전한다.)
93) 『尙書』 卷七 「洪範」.

洪 範 配 卦 圖

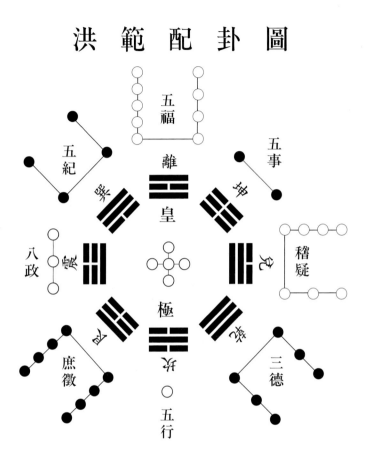

이 도표는 「홍범」 사상과 「낙서」의 상수 원리를 결합하여 표시한 것이다. 『상서』(권7 「홍범」)의 "구주" 사상은 각 조목에 대해서 설명을 붙이고 있다. "첫 번째는 오행五行이요, 두 번째는 공경하되 오사五事로써 할 것이요, 세 번째는 농사에 8정八政을 쓸 것이며,

네 번째는 합함을 오기五紀로써 함이고, 다음의 다섯 번째는 세움은 황극으로써 함이다. 여섯 번째는 다스림을 3덕三德으로 하고, 일곱 번째는 밝힘을 계의稽疑로써 함이며, 여덟 번째는 생각함은 서징庶徵으로 하고, 다음 아홉 번째는 향함을 오복으로 하고 위엄을 보임은 육극六極으로써 하는 것이다.

첫 번째는 오행이로되 오행의 첫 번째는 수水를 말함이고, 두 번째는 화火를, 세 번째는 목木을, 네 번째는 금金을, 다섯 번째는 토土를 말한다. 수水는 윤하潤下요 화는 상上이요 목은 곡직曲直이며 금은 종혁從革이고 토는 이에 가색稼穡을 한다. 윤하는 짠 것이 되고 담상炎上은 쓴 것이 되며 곡직은 신 것이 되고 종혁從革은 매운 것이 되며 가색稼穡은 단 것이 된다. 두 번째는 오사五事를 말하는데 … 중앙은 황극皇極을 말하는데 황극은 임금이 극極을 세움이니, 이 오복을 거두어 서민들에게 복을 펴서 주면 서민들이 또한 너의 극極에 대하여 극極을 보존함을 줄 것이다. … "

기자가 언급한 「홍범」의 "구주"사상에서 다섯 번째 중앙의 황극은 물론 나라를 건국하여 다스리는 임금을 지칭해서 논한 것이다. 그것은 주자朱子의 해석을 보면 알 수 있다. 특히 "중앙은 황극을 말하는데, 황극은 임금이 극을 세움이니[五皇極 皇建其有極]"란 문구에 대한 해석이 그것이다. 여기에서 주자는 공안국孔安國이 황극을 '대중'이라고 풀이한 까닭에 후대에 잘못된 해석을 하게 되었다는 점을 통렬하게 반박하면서 "군주 한 몸이 천하의 지극한 표준을 세우는 것을 말하는 것"이라고 주장한다. 왜냐하면 '황皇'이란 군주를 지칭하고 '극極'이란 '지극하다'는 뜻으로 '표준'을 지칭한다고 보기 때문이다.[94]

「홍범」의 "구주"를 볼 때, 중앙의 황극과 오행에서 중앙의 오토와 일치시키는 일은 우리가 쉽게 받아들일 수 없는 어려운 문제가 내포되어 있는 것으로 보인다. 직접적인 이유는 「홍범」 "구주" 사상의 조목條目에서 첫 번째에 등장하는 오행이 우주론宇宙論 내지는 천도론天道論의 원리이고, 다섯 번째 중앙에 위치해 있는 황극이 국가 통치론 내지는 군주론의 원리를 제시한 것이기 때문이다. 다시 말해서 「낙서」에서 보여주는 오토의 주재적 자리는 우주 삼라만상들의 변화 원리를 상수로 드러내는 우주론적인 문제이고, 「홍범」 구주에서 제시된 황극의 주재적 자리는 결정적으로 치화治化의 문제, 즉 지고한 황제皇帝의 덕치를 지칭할 수 있기 때문이다.

따라서 우주론과 군주의 통치론은 그 적용 범주가 다르다는 데에 문제가 있는 것이다. 만일에 천도론을 군주의 통치론과 일치시켜 같은 범주의 것으로 본다면, 땅에는 인극人極을 세운 황제가 인간사를 다스리게 되고, 하늘에는 지고지순한 임금이 있

94) 이러한 비판적 견해에 관해서는 『주희집朱熹集』 卷72(郭齊, 尹波 點校) "황극변皇極辨" 3743-3753쪽을 참조할 것.

어 우주사를 전적으로 통치할 수 있다는 주장이 가능할 것이다. 그렇게 되면 지상에서 일국을 다스리는 황제는 우주의 절대자의 권위를 위임 받은 것으로 간주되어 그 권위가 엄청나게 강화될 것이며, 또한 통치체제에 있어서 군주제를 지지하는 입장이 될 것이다. 이는 곧 절대적인 우주의 주재자를 전제하게 되고, 또한 서구의 민주정치나 동양의 민본론民本論이 확립될 입지는 아주 좁아진다. 이를 심히 염려한 나머지 동양 성리학을 표방하는 선철先哲들은 홍범의 "구주九疇"사상에서의 황극과 「낙서」에서의 중앙의 오토를 일치시키기를 꺼려했던 것으로 사료된다. 이는 현시대의 한계라 볼 수 있을 것이다.

오황극五皇極의 의미규정

그럼에도 필자는 우주론의 원리인 오행론의 5토五土에서 '5五'와 9주九疇의 사상에서 중앙 '황극'을 융합하여 '오황극五皇極'의 사상을 정립시켜 나갈 수 있도록 해볼 것이다. 그것은 '주재성主宰性'의 관점에서 '유비analogos'적 관계를 도입하여 이해하는 방식이다. 말하자면 오행의 원리에서 상수로 제시된 「낙서」의 9수九數를 주재하는 것이 중앙의 5토이고, 「홍범」의 구주를 주재하는 것이 중앙의 황극이기 때문에, 「낙서」의 주재적 원리 체계와 「홍범」의 주재적 원리 체계가 같다고 한다면 별 무리 없이 이해될 수 있을 것으로 보인다. 그렇다면 「낙서」의 상수 원리로부터 「홍범」의 구주 원리 체계가 나왔다고 했을 때, 「낙서」의 중앙 오토와 「홍범」의 중앙 황극을 일치시켜 오황극五皇極이 성립한다고 할 수 있겠다.

오행에서 5토의 주재적 원리와 황극의 주재적 원리를 일치시켜 "오황극五皇極"의 존재론적 지위를 확보하여 이론적으로 정리한 학자가 조선 땅에서 출현했다. 일부一夫 김항金恒[95]이 그분이다. 그는 오황극이란 개념의 직접적인 근거를 미래의 역이라 불릴 수 있는 『정역正易』의 원리로 체계화한 것이다. 『정역』의 「십오일언十五一言」편에서 일부는 "십무극十無極은 다시 일태극一太極을 말함이니, 일태극이 십무극이 아니면 체體가 없으며, 십무극이 일태극이 없으면 용用이 없다. 합合이 만나 토土가 되어 중앙에 거居하니 오황극五皇極이다."[96]라고 역설한다.

『정역』의 「십오일언」는 "오황극"의 주재적 원리를 직접적으로 표출하고 있다. 이 성구가 전하는 결정적인 내용은 십무극十無極과 일태극一太極이 상호 체용體用하고 합合하면 다 같이 토土에서 일치하며, 이것이 바로 십十과 일一의 중中, 즉 오황극에 해당한다

---

95) 김항(1826~1898)은 호가 일부一夫로 『정역(正易)』의 저자이다. 정역사상은 복희팔괘伏羲八卦와 문왕팔괘文王八卦, 하도河圖와 낙서洛書를 서로 융합함으로써 독특한 논리체계를 갖고 있다.

96) "十便是太極一, 一无十无體, 十无一无用, 合土居中五皇極."(김일부金一夫, 『정역正易』, 「십오일언十五一言」; 이정호李正浩, 『第三의 易學』, 13 : 56쪽 참조)

는 것이다.

『정역』에서 말하는 오황극의 논리가 어떻게 유출될 수 있는가를 부연 설명해 보자. 『정역』의 「십오일언」은 십十과 오五가 하나로 합한다는 뜻인데, 이는 「십일일언十一一言」에 대한 호칭으로 볼 수 있다. 여기에서 "십十"이란 「하도」에서 음과 양이 절대적으로 동일하게 회통會通하고 있는 완전수完全數인데, 생수生數의 합(一 + 二 + 三 + 四 = 十)이 그것이다. 완전수 "십"은 오황극을 둘러싸고 있는 십무극을 말함이고, "5五"란 오황극을 말하는 것이다. 이러한 의미에서 오황극은 일태극과 십무극 사이에서 생장 변화를 주도하는 5토일 수 있고, 우주 만물의 생장에 관한 한 5토의 작용에서 바로 황극의 존재론적 지위가 밝혀질 수 있는 것이다.

『정역』의 논의를 근거로 삼을 때, 주재성으로서의 오황극의 존재론적 지위는 오행론의 오토에서 찾아져야 한다는 어떤 합리적인 근거가 마련된다. 이제 순수 중성 생명의 정신인 오황극이 하늘이 드리우는 상[天垂象]으로 알려진 생수生數와 성수成數를 어떻게 조화롭게 주재하여 상수를 완성하는가를 제시해 보는 것으로 돌아와 보자.

중성 오토와 오황극

앞서 「하도」에서 생수가 어떻게 전개되는가를 보았듯이, 일태극 수水가 율동하여 한번 양하고 한번 음하니 양이 극極에 이르면 음이 된다는 것을 알 수 있다. 오행으로 말하자면 일태극 양의 수水가 생장 분열의 극에 이르면 음의 화火가 된다는 뜻이다. 이를 상수로 표기하면 일수一水와 이화二火이다. 바로 이 시점에서 중성 조화생명의 주재 원리인 5토의 작용, 즉 오황극의 역할은 결정적으로 중요하다.

황극의 조화로운 주재적 작용은 용출湧出 직전의 응축凝縮된 일수一水와 분열의 극인 이화二火를 적당히 조화하고 조율하여 점진적인 성장을 이룰 수 있도록 하는 목기운木氣運(상수로는 一+二 = 三)을 이루고, 생명의 근원인 일수一水와 삼목三木을 조화하고 조절하여 금기운金氣運(상수로는 一+三 = 四)을 이룬다. 그러기에 우주 만물들은 수생목水生木, 목생화木生火, 화생토火生土, 토생금土生金, 금생수金生水의 순으로 생장염장의 순환을 밟게 되는 것이다.

이렇게 생수가 성립되면 성수가 뒤따라야 한다. 왜냐하면 생수에서 형形의 수數가 자화自化되어야 하기 때문이다. 말하자면 모든 생명력은 형形을 이룰 수 있는 조건에서 생기는 것이며, 그 생명력의 화생化生 또한 바로 형形의 화생化生과 함께 이루어진다는 것이다. 마찬가지로 실질적인 사물들의 생장 발전에 있어서도 각각의 형을 화생할 수 있는 조건을 갖추고서야 비로소 이루어질 수 있는 것이다. 다시 말하자면, 생수가 일과 삼(一·三:陽), 이와 사(二·四:陰)라는 서로 대립적인 성질로 구성되어 있기 때문에 형이 이루어질 조건이 마련된 셈이지만, 그러나 일수一水, 이화二火, 삼목三木, 사금四金의 생수가 성립되었다 하더라도 '실질적인 생장'의 변화가 이루어지는 것은 아니다. 여기에 반드시 성수가 뒤따라야 하는 것이다.

그 과정은 어떻게 전개될 수 있는가. 오황극의 주재적 작용(오토五土의 작용)은 또한 생수와 조화하여 성수를 이루어야 하는데, 중성생명의 5토는 생수 1수(一水:陽水)와 만나 성수 6(六:陰水)을 이루어 음양을 조율하고, 2화(二火:陰火)와 만나 성수 7(七:陽火)을 이루어 조화하며, 3목(三木:陽木)과 만나 성수 8(八:陰木)을 이루어 조화하고, 4금(四金:陰金)과 만나 성수 9(九:陽金)를 이루어 음양을 조율한다. 이렇게 하여 성수는 상수로 6六, 7七, 8八, 9九로 나타내게 되는 것이다.

이런 의미에서 오황극의 주재적 작용은 우주 변화 원리에서 결정적으로 중요한 위치를 차지하게 됨을 볼 수 있다. "그러므로 생수는 성수[形]로 발전하는 것인 바 그 발전의 기본은 이질적인 목·화·금·수의 수水에 있는 것이 아니고 순수 정기인 오토五土에 있는 것이다. 그런 즉 5五는 생수의 정점인 동시에 성수의 시작점이며 또한 만물의 중中인 것이다. 그러므로 중의 개념을 사물

이 종시終始하는 절대 경계의 일점一點이라고 하는 것도 바로 여기에 있는 것이다.[97]

그러므로 「낙서」에서 오행의 중심자리인 5토五土와 「홍범」 구주에서 중심자리인 황극을 "유비"의 방식으로 일치시켜 볼 수 있는 것이다. 달리 말하면 오황극五皇極은 중정지도中正之道의 자리에서 우주자연의 창조변화를 주재한다고 추론해볼 수 있을 것이다. 이와 맥을 같이 하여 증산상제는 「낙서」에서의 중앙의 조화궁을 우주 변화를 주재하는 것임을 시사하면서 "궐유사상포일극厥有四象抱一極하고 구주운조낙서중九州運祖洛書中이라. 대자연에는 사상四象이 있어 중앙의 한 지극한 조화기운을 품고 있고, 온 세상 운수의 근원은 낙서洛書 속에 들어 있네."(『도전』 3:2:145:2)라고 하였던 것이다.

3) 간지도수干支度數로 보는 황극의 주재성

앞서 하늘로부터 드리워진 상[天垂象]에서 오행의 우주 순환원리가 어떻게 나왔고, 중성생명의 조화기운인 오황극五皇極이 생수와 성수를 어떻게 이끌어 내어 조율하는가를 살펴보았다. 이제 우주자연에서 펼쳐지는 삼라만상의 '실질적인' 생장 변화의 과정을 황극이 어떻게 조율하고 주재하는지를 천간天干과 지

---

97) 韓東錫, 『宇宙變化의 原理』, 199쪽.

오운五運과 육기六氣의 배치도配置圖

지地支, 즉 오운五運과 육기六氣의 배치도配置圖에 적용하여 설명해 보도록 해 보자.

위의 도표는 우주 삼라만상들이 생장염장이라는 순환적 과정으로 어떻게 진행되는가를 오행의 원리와 시간 과정을 표상하는 십간十干 십이지十二支를 결합하여 표시한 것이다. 이 도표가 말해주듯이, 사물이 실제로 분열 성장할 때 발생하는 음양 대립의 갈등을 조절하고 조화하여 성장의 정점에 이르게 하고, 이를 다시 염장의 영역으로 환원시키는 주재성의 황극은 오운과 육기의 순환에서도 분명히 밝혀질 수 있다는 얘기다.

오운과 육기

오운과 육기는 무엇을 뜻하는가. 오운은 하늘 기운이 열리는 다섯 가지 운수이고, 육기는 땅에서 작용하는 여섯 가지 기운을 말한다. 그런데 원래 우주 만물의 창조변화를 이끌어가는 힘은 음양의 기운이고, 이를 바탕으로 하는 오행의 원리는 만물이 자율적으로 생장 변화하여 순환해가는 법칙이다. 그렇다면 오운과 육기는 오행과 어떤 관련성을 갖고 있는 것일까.

오행은 만물이 자율적으로 생장 변화하는 법칙이다. 그런데 오행이 만물을 요리해 갈 때는 '원천지기原天之氣'와 서로 혼합하면서 실질적인 창조변화를 일으킨다. 이때 오행은 오운으로 변신하여 작용한다고 말한다. 여기에서 원천지기란 무엇을 말하는가. 그것은 기광氣光이 발사되어서 이루어진 하늘기운이다. 이는 다섯 가지로 구분할 수 있겠는데, 단천지기丹天之氣(火), 황천지기黃今天之氣(土), 창천지기蒼天之氣(木), 소천지기素天之氣(金), 현천지기玄天之氣(水)가 그것이다. 이러한 원천지기에 근거해서 기백岐伯은 오운五運을 계시 받았다고 황제와의 문답에서 밝히고 있다.[98]

----

98) 이에 대한 자세한 내용은 다음과 같다 : "岐伯曰 昭乎哉問也 臣覽太始天元册文 丹天之氣 經于牛女戊分 黃今 天之氣 經于心尾己分 蒼天之氣 經于危室柳鬼 素天之氣 經于亢氐昴畢 玄天之氣 經于張翼婁胃 所謂戊己分者 奎璧角軫 則天地之門戶也."(裴秉哲 譯, 『黃帝內徑』(素問), 「五運行大論」 584-585쪽 참조).

'원천지기'에 근거하는 오운은 구체적으로 무엇을 뜻하는 것일까. 그것은 하늘의 운수라 불리는 십간十干을 가리킨다. 십간은 갑甲·을乙·병丙·정丁·무戊·기己·경庚·신辛·임壬·계癸로 구성되어 있다. 오운으로 변신하여 작용하는 오행의 법칙을 대입해 보면, 갑·을은 목에, 병·정은 화에, 무·기는 토에, 경·신은 금에, 임·계는 수에 해당한다. 이는 목木 → 화火 → 토土 → 금金 → 수水라는 상생의 순서로 진행되고 있음을 의미한다.

그런데 우주자연에서 운運이라는 것은 토土를 주체로 하는 변화 현상의 법칙이란 점을 알아두어야 한다. 도표에서 보듯이, 목으로 시작하는 오행과는 달리 오운五運은 토로부터 시작한다. 오운의 작용을 갑·기(土土)의 운, 을·경(금金)의 운, 병·신(수水)의 운, 정·임(목木)의 운, 무·계(화火)의 운으로 표시하는 이유가 그것이다. 이처럼 오운의 작용은 토土 → 금金 → 수水 → 목木 → 화火라는 상생의 순서로 진행되는 셈이다. 오행의 법칙과 오운의 작용과의 관계를 말해 보자면, 오행이 뿌리라면 오운은 천기운행의 줄거리, 즉 원천지기의 작용이라 할 수 있는 것이다.

문제는 오운이 지상에서도 그대로 적용되지 않는다는 것이다. 다시 말해서 원천지기의 소산所産인 오운이 기화氣化 작용을 하여 지구에서 행해질 때는 육기로 변질되어 작용한다는 것이다. 여기에서 육기는 오운에다가 상화相火라는 불[火]을 하나 더

한 것을 말한다. 지상에서 펼쳐지는 육기는 소위 십이지十二支라고 일컫는다. 이는 자子 · 축丑 · 인寅 · 묘卯 · 진辰 · 사巳 · 오午 · 미未 · 신申 · 유酉 · 술戌 · 해亥를 가리킨다.

천기가 되는 오운이 지상에서 작용할 때는 왜 육기로 변질되어 펼쳐지는가. 이는 천기에도 없는 상화라는 불기운이 하나 더 생겼다는 뜻인데, 이것을 인신상화寅申相火라 부른다. 인신상화는 왜 발생하게 되는가. 그 까닭은 지구의 축[地軸]이 23.5°로 기울어진 상태에서 지구가 공전과 자전하기 때문이다. 상화로 인해 지구에서 가장 더울 때는 한 여름의 오월午月(6월)이 아니라 신월申月(8월)이 되는 까닭이 여기에 있다.

오운이 천기의 소산이라면 육기는 지기의 소산인 셈이다. 그래서 육기는 오행이 지구의 인력에 의해 지구의 특성에 맞게 변질된 것으로 지기地氣 위주로 이루어진 변화도變化圖라 볼 수 있는 것이다.

앞서 천기에 근거하는 오행이 천지만물을 실질적으로 요리해 나갈 때는 오운으로 작용한다고 했다. 이제 오행에서 토화작용土化作用으로서의 황극이 천기의 소산인 오운을 어떻게 조율하고, 지기, 즉 육기를 어떻게 주재하여 이끌어 가는가를 살펴보자.

오운을 주재하는 황극

필자는 먼저 황극이 오운을 어떻게 조율하고 주재하는가를 설명해 볼 것이다. 오행의 원리에서 토土의 작용 목적은 크게 두 측면, 즉 하나는 우주만유가 생장 분열의 과정에서 일어나는 음·양의 대립을 조율하여 성장을 도모하는 것이고, 다른 하나는 성장의 극점에서 수렴 통일을 완결하는 것이라 했다. 전자는 원리로 볼 때 5토五土가 작용하는 것으로 오황극五皇極이 이를 주재하는 것이라 했고, 후자는 10토十土가 작용하는 것으로 십무극十無極이 이를 주재한다고 했다. 생장의 단계에서는 미완결의 상태이지만, 성숙의 단계에서는 완결의 상태를 뜻한다.

오운의 토화작용을 실제적인 작용면에 적용시켜 볼 것 같으면, 갑3목甲三木은 오운에서는 갑5토甲五土로 변화하여 작용한다. 그러기에 우주 삼라만상은 실제적으로 갑5토에서 생장 분열을 시작하여 기토己土에 이르러 수렴통일의 운運으로 접어들게 되는 것이다. 여기에서 오황극은 생장분열을 이끄는 양토陽土를 주재하고 십무극은 수렴통일을 이끄는 음토陰土를 주재한다. 이와 관련하여 증산상제는 "이 운수는 천지에 가득 찬 원원한 천지대운天地大運이므로, 갑을甲乙로서 머리를 들것이요 무기戊己로서 굽이치리니, 무기는 천지의 한문閈門인 까닭이니라."(『도전』6:109:5-7)고 했다.

"갑을甲乙로서 머리를 들것이요 무기戊己로서 굽이치리니"라고 할 때, 천간 중의 갑을甲乙은 목기운으로 선천先天의 시대에 생장 분열을 도모하는 기운을 의미하고, 무기戊己는 선천의 생장 분열의 극점에서 이들을 조율하고 조절하여 성숙에까지 이끈 다음, 후천後天 개벽의 가을 시간대를 열고 이를 주재하는 중심축이 됨을 일컫는다.

무戊자리는 우주 삼라만상을 조절하고 조율하는 주재자로서의 토가 되기에 5토와 이것이 자화된 10토十土의 역할을 하게 되며, 반면에 기己 자리는 십무극十無極으로 후천 개벽의 가을 시간대를 열고 이를 주재하게 된다는 것이다.[99] 이를 증산상제는 "무기는 천지의 한문閈門인 까닭이니라."고 하여 후천에 전개될 무궁한 운수를 말했던 것이다.

그러면 갑토甲土, 무운戊運, 기토己土의 작용은 각각 어떻게 관계를 맺으며, 각기 고유한 역할은 무엇인지를 간략하게 살펴보자. 오운에서 황극의 역할이란 일태극 수에 있던 일양一陽의 탈출을 주재하고 보존하여 줌으로써 갑3목의 싹을 틔워 생장의 과정으로 돌입시키는데, 목木이란 생하는 기운만을 지니고 있어서 만유의 생명은 일정한 형체를 이룰 수 없게 된다. 그래서 갑토甲土는 반드시 5토五土의 대화작용對化作用을 받아서 목기운으로 하여금

---

99) 金一夫, 『정역』, 「十一一言」편을 참조할 것.

형체를 이룰 수 있게 해야 한다.

그런데 갑5토甲五土는 분열의 능력만 있지 수렴통일의 능력이 부족하므로 완전 성수인 10토十土 기운의 도움을 필요로 한다. 여기에서 갑토甲土는 기토己土의 영향을 받아서 기토의 반만큼 수렴통일의 활동을 전개하게 되고, 상대적으로 기토의 곱으로 성장활동을 전개해 가게 되는 것이다. 그렇게 되면 십토인 기토가 갑삼목에게 영향을 행사하여 반은 목기운으로 반은 토기운으로 전개하기 때문에 갑삼목은 갑오토로 되는 것이다. 이런 의미에서 오행의 갑삼목은 실제적인 측면에서의 오운의 갑오토로 변한 까닭이 되는 것이다.[100]

결국 갑운甲運은 오황극의 조화로운 조율 작용으로 무운戊運에 이르게 되는데, 오운의 무戊는 오행의 오토에 속하므로 반은 화기운으로, 반은 토기운으로 작용해야 할 것이다. 그런데 오행에서 화기운이 모든 것을 분열시켰기 때문에 무운戊運에 이르러서 우주 만물은 생장분열의 정점에 도달하게 되었지만, 무운 자신은 형체를 유지할 수 없는 지경에 이르게 된다. 이에 화기火氣의 무분별한 발산을 방지하기 위해 오황극의 조율적 작용이 있게 되는데, 이는 계수癸水의 도움을 받아 무토戊土로 하여금 반은 토로 반은 수로 작용하도록 한다. 이것이 바로 무화운戊火運이다.

---

100) 安原田,『東洋學 이렇게 한다』, 263쪽 참조.

여기에서 주목해야할 점은 오운에서 무화운의 화火를 수토동덕水土同德한 것이라 부른다는 것이다. 이점이 있었기 때문에 갑운甲運은 무운戊運을 거쳐 기토己土에 이르게 되고, 오황극은 갑운의 본래의 목적을 달성시켜 무극으로 넘겨주게 되는 것이다.

그럼 수토동덕이란 무엇을 뜻하는 것인가. 천간에서의 무戊와 십이지지에서의 진辰은 둘 다 5토五土이다. 진은 5토로서 작용하지만 대외적으로 활동해 나갈 때는 새로운 대화작용이 요구된다. 원래 진토辰土는 인묘寅卯(木)를 사오巳午(火)로 넘겨주는 중재 자이기 때문에, 목기운을 화기운으로 융통성 있게 전환하는 구실을 하지만, 자신의 힘으로는 힘겹다. 그래서 진토는 한없이 분열하려는 목기운을 1수一水의 대화작용을 받아 조절하게 되는데, 이 때 일수의 권한 능력까지 덤으로 받게 되어 목기운을 화기운으로 넘겨주기가 쉬워진다. 이것을 진토에 있어서 수토동덕水土同德이라 부른다.[101]

그러므로 오운에서 볼 때 갑토운에서 출범하여 기토운에 이르기까지 오황극이 이를 주재한다고 볼 수 있게 된다. 달리 말하면 창조의 본체인 일태극수一太極水를 발원시켜 성장의 단계를 거쳐 성숙에 이르면, 이를 무극으로 넘겨주기까지가 오황극의 본래적인 주재적 지위가 확보되는 과정이 되는 것이다.

---

101) 安原田,『東洋學 이렇게 한다』, 255쪽 참조

육기를 주재하는 황극

다음으로 황극이 육기를 어떻게 주재하여 이끌어 가는가를 보자. 오운의 천기天氣가 지구상에서 작용할 때는 육기六氣로 변질되어 작용한다고 했다. 앞의 오운과 육기의 배치도配置圖에서 보듯이, 지기地氣의 작용은 선천先天의 지축이 23.5°가량 기울어진 탓에 인신寅申이 덧붙여 육기로 되어 작용함을 알 수 있다.

오운이 육기로 작용할 경우 자축인子丑寅, 묘진사卯辰巳, 오미신午未申, 유술해酉戌亥의 순으로 하여 본중말本中末이라는 삼원운동三元運動으로 진행된다. 본중말로 진행되는 법칙에서 오황극의 역할이란 선천의 분열생장을 도모하는 양토陽土로서 축진토丑辰土이고, 후천의 수렴 통일을 도모하는 것은 음토陰土로서 미술토未戌土이다. 이에 대해서 한동석韓東錫은 "전자는 양토陽土이므로 축진토丑辰土라하고, 후자는 음토陰土이므로 미술토未戌土라고 한다. 그런데 이것이 본중말本中末의 삼원운동三元運動을 하면서 변화의 본원을 조성하는 것이다."[102] 라고 주장한다.

먼저 선천의 생장의 축을 이루고 있는 자축인子丑寅과 묘진사卯辰巳의 삼원운동에서 오황극의 토화작용을 살펴 보자.

축토丑土로서의 오황극은 현실적으로 일양一陽의 화생작용을 보호하고 조절하는 역할을 하는데, 이것은 바로 양陽이 일자수

---

102) 韓東錫, 『宇宙變化의 原理』, 215쪽.

一子水 속에서 발현될 수 있도록 조율하며 또한 양陽의 발전과정에서 일어나는 모순(즉 인신인申의 대화적 모순과 인인寅의 자화적 모순)을 조절하는 것을 의미한다. 게다가 축토로서의 오황극은 자축인子丑寅 운동의 매개적 역할을 하기도 하지만 또한 묘진사卯辰巳 작용의 기본을 이루어놓기도 한다(이런 매개적 역할은 축토뿐만 아니고 진미술토에서도 일어난다). 이와 같이 자축인子丑寅 운동이 축토 중심의 보호를 받으면서 춘절기春節期의 운동이 끝나면 다음은 진토 중심의 하절기夏節期 운동, 즉 묘진사卯辰巳의 삼원운동이 시작되는 것이다.

진토로서 작용하는 오황극은 축토와는 달리 생생生과 장長을 다 같이 보호하고 조율해야한다.

"첫째로 진토辰土의 본본本인 묘목卯木은 상대적으로 유유酉의 억제를 받으면서 자기를 생하는 것이므로, 또 자체적으로도 사금四金·팔목八木의 투쟁을 일으키면서 자기를 생하는 것이므로, 진토辰土는 이것을 융화하면서 발전시키는 중요한 역할을 해야 하고, 둘째로 이때는 만물을 길러야 하므로 종전의 형形 그대로는 신축성이 적어서 기르기에 부적당하다. 그러므로 어떠한 신축성이 강한 물질을 필요로 할 수밖에 도리가 없다. 그렇다면 축토丑土와 같이 조화하고 보호만 하면 되는 그런 성격만으로써는 적격이 되지 못한다. 그러므로 천연天然은 일면토一面土 일면수一面水

의 이중성격을 진토辰土로 하여금 가지게 한 것이다."[103]

진토는 어떻게 해서 생과 장을 모두 보호하여 조율한다고 말할 수 있게 되는가.

창조의 모체 일태극수一太極水의 분열은 남방에 속하는 오미신午未申의 대화작용을 받으면서 자축인子丑寅의 삼원三元운동으로 수중水中에서 양화陽化하여 가지고 팽창해 올라가는 상태였다. 그러나 이는 동방東方의 묘진사卯辰巳의 운동으로 말미암아 서방의 유술해酉戌亥가 대화작용을 받으면서 형形을 만들어주어야 한다. 그러기에 자축인子丑寅에서 발한 양陽이 묘진사卯辰巳의 과정에 들어오게 되면, 유술해酉戌亥의 대화작용으로 인하여 들어오는 바의 금수지기金水之氣와 부딪쳐서 어떤 형形을 만들 수 있게 되기 때문에, 형形은 곧 수水에 의해 이루어진다고 말하는 것이다.

그런데 술戌의 대화對化를 받고 있는 진辰은 순수한 토화작용土化作用을 할 수가 없으므로 여기에서 반은 토, 반은 수의 성질로 변하게 되는 것인데, 이것을 가리켜서 수토동덕水土同德한 토土라고 하는 것이다. 이런 과정에서 오황극은 수토동덕의 진토로써 인묘寅卯의 직향성을 매듭지어 만물을 통통하게 살찌게 조절하고, 수水로써 맹목적 산포散布성을 조율하여 사물의 형질을 보

103) 韓東錫,『宇宙變化의 原理』, 216쪽.

장하게 하는 것이다.

황극을 돕는 무극

선천의 분열생장이 어떻게 매듭지어지고 후천의 수렴통일의
축을 이루고 있는 오미신과 유술해의 삼원운동에서 무극대도가
들어오는 토화작용이 어떻게 진행되는가를 보자.

앞서 축토로서의 오황극은 미토의 대화작용에 의해서 자수子
水를 발하고, 인寅을 조율했으며, 진토로서 술戌의 대화작용을
받아서 묘목卯木을 발하면서 사巳를 조율한다고 했다. 그러나 축
진토로서의 오황극은 성장을 완결하여 매듭지을 수 있는 능력
이 없다. 왜냐하면 축진토는 미토의 반밖에 가치능력이 없기 때
문이다. 말하자면 미토의 십무극十無極에 비하면 축토나 진토의
오황극의 힘은 그 절반밖에 안된다. 반면에 10미토로서의 십무
극十無極은 축토와 진토를 도와서 생장에 알맞게 하고, 성수成收
할 때는 수렴收斂하기에 적당하게 하는 힘을 충분히 가지고 있다
고 한다.[104]

오행론의 측면에서 볼 때, 이때는 생장의 매듭을 위한 기간으

----

104) 그래서 한동석은 이와 관련하여 육기六氣의 형형形形으로 표기한다고 하면
서, 해자축亥子丑은 사오미巳午未의 뜻을, 사오미는 해자축의 뜻을 머금고
있기 때문에, 해자축에는 그 이면에 '십十'의 뜻이 있고, 사오미에는 또한 '오
五'의 뜻이 있다고 주장한다.(韓東錫, 『宇宙變化의 原理』, 207쪽 참조).

로 금의 기운과 화의 기운이 바뀐다[金火交易]. 십무극의 토기운이 들어와서 양의 화기운을 잠재우고 음의 금기운을 전면에 나서게 한다고 할 수 있다. 우주자연에서 벌어지는 만유의 생명을 고려해 볼 때, 갑토에서 출발한 춘생은 10미토의 추살이라는 가을 결실기를 맞이하게 되는 것이다. 이에 대해서 증산상제는 "일꾼된 자 강유剛柔를 겸비하여 한편이라도 기울지 아니하여야 할지니, 천지의 대덕大德이라도 춘생추살春生秋殺의 은위恩威로써 이루어지느니라."(『도전』8:62:2-3)고 했다.

그런 후에는 술土가 유酉와 해亥를 본말本末로 하는 유술해의 변화과정으로 들어서게 된다. 이 기간은 오미신의 운동이 완결되는 것으로 가을 추수기의 통일적 결실이 끝나고 새로운 창조를 위한 준비기간이라 볼 수 있다. 우리가 주목해야 할 것은, 묘진사의 진토 중심의 운동은 '수토동덕水土同德'의 작용을 하였지만, 그것이 여기에 와서는 '수토합덕水土合德'의 작용을 한다는 사실이다.

'수토합덕'이란 무엇을 뜻하는가. 술戌의 5토는 신유辛酉(金)에서 해자亥子(水)로 넘겨주는 중매자이다. 해亥는 6수六水, 자子는 1수一水인데, 술토는 일단 사유四酉(金)를 6해六亥(水)로 넘겨주면 된다. 오행으로 보면 금기운에서 수기운으로 전환이다. 그런데 마침 해亥 6수六水이므로 술戌 자신이 이미 해6수亥六水의 권한 대행을 하고 있다.

진辰의 '수토동덕'이 5토와 1수一水의 양과 음의 결합이라면, 술戌은 오토와 6수의 완벽한 양음陽陰의 결합이다. 술에 있어서 이를 '수토합덕'이라 부른다. 즉 진의 5토가 '수토동덕'에 의해 육수로 화하면서 분열의 기초를 이루었다면, 술에서는 5토와 5수의 합(십일十一)으로 10토十土(십무극十無極)와 1수(일태극一太極)가 되는 것이다. 이는 무戊가 금기운의 종점으로 6수로써 5토를 포위해 자수子水인 1수를 창조하려는 내면적 의도성이 들어 있다고 본다.

다시 말하면 묘진사卯辰巳의 진토는 목(묘卯)·화(사巳)의 중中을 이루고, 일면토一面土 일면수一面水의 작용을 하면서 사물을 확장하는 때에 주재하고 있던 존재이므로 '수토동덕'의 작용을 하였다. 그러나 유술해酉戌亥의 중中을 이루는 술토는 한편으로는 일면수一面水 일면토一面土의 작용을 하는 것이기는 하지만, 묘진사卯辰巳 때의 동덕이 여기에 와서는 '수토합덕'(그 작용이 통합을 이루는 것)을 하게 되는 것이다. 이런 의미에서 볼 때 '수토동덕'과 '수토합덕'이란 것은 다만 일태극수一太極水가 드러내고 잠수하는 현상일 뿐이다.

결론적으로 말해서 시간성의 차원에서 볼 때 오황극五皇極은 십무극十無極과 일태극一太極을 본체로 하여 천지 만물의 성장과 분열 운동을 지속적으로 이끌어 가는 '우주 운동의 주체'로서 중추적인 역할을 하는 우주 순환 변화의 실질적인 주재정신主宰精神이다.

그럼에도 무극, 태극, 황극은 한 우주정신의 세 측면이라고 말할 수 있을 것이다. 왜냐하면 이 삼극은 본원적으로는 하나의 존재, 즉 무극인데, 우주 만물의 창조 원리에 관련된 시간성의 차원에서 볼 때 무극의 '열림'이 바로 태극이고, 태극을 조화로운 생장으로 이끌어 내어 성숙시킨 다음 본래의 것으로 넘겨주는 생장 변화의 조율과 주재적 원리가 황극이기 때문이다.

이렇게 하나의 우주정신은 근원의 본체本體가 엄연히 일체의 관계로 존재하면서도, 논리적으로는 무극, 태극, 황극이라는 삼극으로 분리되어 각각 다르게 작용한다고 볼 수 있다. 이를 근거로 해서 우리는 현상의 차원에서 우주 만물들이 생장염장生長斂藏 과정으로 순환할 수밖에 없음을 논리적으로 명확히 설명할 수 있는 것이다.

Ⅳ. 원리로 알아보는 후천 개벽

"개벽開闢"하면 떠오르는 인물이 있다. 동학東學을 창교한 수운水雲 최제우崔濟愚(1824-1864)이다. 그는 세계 열강제국의 침탈로 인해 누란의 위기에 처해 있던 동방 조선의 땅에서 태어나 젊은 시절부터 세상을 구할 도[求道]에 뜻을 두었고, 1860년에 득도하여 우주의 주재자 상제로부터 직접 도를 받아 동학을 창도하였다.

동학의 핵심사상은 "시천주侍天主"와 "다시개벽"에 있다. 시천주의 핵심 뜻은 '인간으로 오시는 천주(상제)를 극진히 모시라'는 뜻이고, 다시개벽은 '후천개벽後天開闢'을 지칭한다. 후천개벽으로 열리는 새 세상은 '무극의 운수[無極之運]'가 새롭게 도래하게 되는데, 이에 걸맞는 상제의 무극대도가 세상에 나와 새 세상을 주도하게 된다는 뜻이다.[105] 그래서 그는 『용담가』에서 "어화세상 사람들아 무극지운 닥친줄을 너희어찌 알까보냐. … 무극대도 닦아내니 오만년지 운수로다."라고 하였던 것이다.

이 장에서 다룰 내용은 후천개벽기에 무극의 운수가 어떻게 출현하게 되는가를 원리적으로 밝히는 것이 중심이다. 후천개벽

---

105) 문계석, 『시천주와 다시개벽』, 204쪽 참조.

은 전무후무한 새로운 시운時運, 즉 무극의 운수가 열림을 함축한다. 이는 선천의 자연과 문명을 매듭짓고, 새 세상의 문명을 열어주는 기폭제가 된다고 할 수 있겠다.

앞서 필자는, 생장염장으로 순환하는 우주자연을 볼 때, 생장에서 염장으로 전환하는 시기와 염장에서 생장으로 넘어가는 시기에 개벽이 일어나게 됨을 제시한 바 있다. 전자의 경우는 후천개벽이라 하고 후자의 경우는 선천개벽이라고 했다. 필자는 여기에서 후천개벽에 대한 상세한 내용을 다루는 것이 아니라, 개벽이 오는 이론적인 근거, 즉 어떻게 해서 무극의 운수가 도래하게 되는가를 원리적으로 밝혀보는 것에 한정할 것이다.

그 일환으로 필자는 앞서 논의한 음양 오행론, 땅에서 작용하는 기운인 십이지十二支(육기六氣)론과 하늘에서 펼쳐지는 운수인 십간十干(오운五運), 그리고 창조변화의 존재론적 근거인 삼극론을 결합하여 도표로 그린 "우주순환원리의 배합도"를 바탕으로 개벽이 오는 이치를 설명해볼 것이다. 이로부터 필자는 후천개벽의 이론적 근거를 충분히 인식할 수 있을 것으로 믿는다.

1. 우주순환원리의 배합도

우주자연의 개벽은 시운時運을 따른다. 개벽의 시운을 파악하는 길은 음양의 동·정을 분석하는 것이다. 그것은 우주만유의 창조변화가 음·양의 묘합으로 이루어지고, 이 과정을 이끌어가는 주체가 신神이지만, 그 객체는 음·양 기운의 동정으로 드러나기 때문이다. 이는 천지 만물의 창조변화뿐만 아니라 인간의 생명, 호흡의 기능과 보고 듣는 작용, 인간의 마음, 지각활동과 언어와 동작, 기억 등 모두를 망라한다.

형이상학적인 의미에서 보자면, 양은 움직임으로 우주만물의 생장을 주도하는 기운이 되고, 음은 정지함으로 우주만물의 수

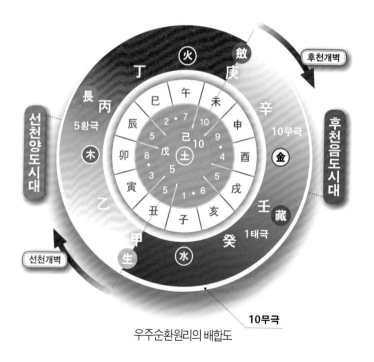

우주순환원리의 배합도

렴통일을 주도하는 기운이 된다. 양은 음에 뿌리를 두고 있고, 음은 양에 뿌리를 두고 있다. 음양의 호근작용互根作用으로 말미 암아 우주만물은 생장분열과 수렴통일의 변화과정으로 순환하게 되는 것이다.

음양 기운의 움직임을 보다 구체적으로 알기 위해서는 세부적으로 분석해볼 필요가 있다. 하나의 방안은 음양의 펼쳐짐을 「하도河圖」의 도상역학圖象易學에 배합하여 이해하는 것이다. 필자는 앞서 도상을 상수象數로 표기하여 생수生數(1, 2, 3, 4, 5)와 성수成數(6, 7, 8, 9, 10)로 도식화 했다. 여기에서 홀수 1,3,7,9인 양은 활발하게 용출하는 움직임을 상징하고, 짝수 2,4,6,8인 음은 수축하여 정지함을 상징한다. 그리고 홀수 5는 양의 중성생명 기운이고, 짝수 10은 음의 중성생명 기운으로 완성수를 상징한다.

「하도」의 도상역학을 근간으로 해서 음양의 변화에 따라 형질을 나타내는 오행五行의 순환원리가 배치될 수 있다. 오행의 기운은 목木, 화火, 토土, 금金, 수水를 말한다. 생장분열을 상징하는 기운은 목·화이고, 수렴통일을 상징하는 기운은 금·수이며, 중앙 토의 기운은 중성으로 생장인 목·화와 수렴인 금·수 기운을 조율하여 우주자연이 순환하도록 하는 주재의 기운이다.

여기에 오운육기론五運六氣論을 배합해 보자. 오운은 하늘에서 내려주는 운運으로 목木에는 갑을甲乙, 화火에는 병정丙丁, 토土에는 무기戊己, 금金에는 경신庚申, 수水에는 임계壬癸가 짝을 이룬다. 육기는 오운이 지상에서 작용할 때 펼쳐지는 기운으로 자축子丑, 인묘寅卯, 진사辰巳, 오미午未, 신유辛酉, 술해戌亥를 말한다. 이를 본중말本中末의 운동으로 분석해 보면, 해자축亥子丑, 인묘진寅卯辰, 사오미巳午未, 신유술申酉戌로 나눌 수 있다. 여기에서 축진丑辰은 우주만물의 생장분열을 이끌어가는 양의 중성 기운이고, 신술申戌은 수렴통일을 이끌어가는 음의 중성기운이다.

마지막으로 우주자연의 창조변화에 대한 존재론적 근거가 되는 무극無極, 태극太極, 황극皇極이라는 삼극론三極論을 배합할 수 있다.

무극은 하나이며 전체인 우주자연의 본원本源을 뜻한다. 그것은 근원으로 보면 만유의 생명이 창조 변화되기 이전의 전체적인 바탕이지만 현실적으로 보면 창조변화의 성숙을 지칭하는 원리가 된다. 태극은 우주 만물이 창조 변화의 과정을 보여주는 작용의 본체이다. 그것은 근원으로 보면 음양의 작용이지만 현실적으로 보면 음양의 기가 동정하는 원리를 지칭한다. 황극은 운동변화의 본체라 한다. 그것은 근원으로 보면 분열 생장을 도모하는 음양의 기운을 조율하는 것이지만 현실적으로 보면 우주 만물이 창조의 목적에 도달할 수 있도록 변화과정을 주도적으로 이끌어가는 주재 원리라 할 수 있다. 이와 같이 무극, 태극, 황극은 우주자연의 전체를 휘잡아 돌리고 있는 창조변화의 존재론적 원리가 되는 것이다.

이와 같이 우리는 <우주순환원리의 배합도>를 창출해낼 수 있다. 이러한 도식은 고도의 사유 능력을 가진 형이상학적 동물만이 가질 수 있는 특권이며, 학적 근거를 체계화 하려는 노력의 소산이라 볼 수 있다. 이를 토대로 해서 우리는 춘하추동 사시사철로 돌아가는 생장염장의 순환이치와 무극, 태극, 황극으로 분석되는 존재론적 근거를 확립할 수 있으며, 우주자연에서 벌어지는 전반부의 선천개벽과 새로운 질서로 전환되는 후반부의 후천개벽의 의미를 추론해낼 수 있을 것이다.

2. 십이지十二支의 도수로 보는 후천개벽

<우주순환원리의 배합도>에서 보듯이, 음·양의 대대待對 관계로 배열된 생수와 성수는 음양의 짝으로 오행 기운을 나타내고 있다. 생수인 1과 성수인 6으로 배합된 1·6의 수水 기운, 생수인 3과 성수인 8로 배합된 3·8의 목木 기운, 생수인 2와 성수인 7로 배합된 2·7의 화火 기운, 생수인 4와 성수인 9로 배합된 4·9의 금金 기운, 중성명의 생수인 5와 성수인 10으로 배합된 토土 기운이 그것이다.

여기에서 태극 수水에서 태동하기 시작한 양의 기운은 생장분

열의 극치인 화火의 기운으로 전환되고, 화의 기운은 다시 근원으로 돌아감으로써 만유의 생명은 새롭게 결집되고 있음을 나타낼 수 있게 된다. 우주자연의 생장분열은 선천개벽으로 전개되는 것이고, 수렴통일은 후천개벽으로 전개되는 양상을 보이고 있다. 이를 십이지十二支의 도수로 파악해 보자.

만유의 탄생과 성장을 조율하는 축토丑土와 진토辰土

오행의 원리로 볼 때 5토는 중성생명의 기운으로 음·양의 기운을 조율하여 만유의 생명이 생장 분열하도록 이끌어간다. 즉 물질 형성의 근원인 일태극一太極 수水가 생명의 창조로 발현하도록 야기하는 것은 중성생명인 5토라는 얘기다. 만유 생명을 현상세계로 이끌어내는 5토의 기운은, 십이지十二支의 도수로 볼 때, 축에서 이루어진다. 축5토丑五土의 작용으로 인해 수水의 기운은 양의 1에서 양의 3으로 확장되어 생명의 약동을 상징하는 목木의 기운으로 전환된다. 양이 용출하여 만유의 생명이 탄생하여 성장하는 모습이 그것이다. 이것을 우리는 생生의 이법으로 파악할 수 있다.

양의 3은 다시 5토의 영향으로 양의 7로 확장되면서 수의 기운이 화火 기운으로 전환된 양상을 보인다. 만유의 생명이 최대한 분열하여 장성하는 모습이 그것이다. 분열 장성으로 이끄는 5토의 기운은 십이지지의 도수로 볼 때 진에서 이루어진다. 진5토辰五土의 작용으로 인해 3목三木의 기운은 양의 7로 확장되어 생명이 분열하는 화의 기운으로 전환되는 것이다. 이를 현실적으로는 장長의 이법으로 파악할 수 있다.

이와 같이 축토와 진토의 조율작용으로 말미암아 음양의 형질은 수의 기운에서 목의 기운으로, 목의 기운에서 화의 기운으로의 이행하게 되는데, 이는 만유의 생명이 생장生長의 이법을 따르고 있음을 보여주게 된다.

생명의 기운인 1·6 수水가 용출하여 우주만유가 생장 분열의 질서로 나아가는 과정을 역逆의 변화과정이라고 한다. 역의 변화과정이란 응축된 생명의 기운이 분열하여 본연의 자리에서 멀어져가는 상태이기 때문에, 만유의 생명은 각기 왕성하게 활동하는 모습을 나타낸다. 이 기간을 선천先天 양도陽道의 시간대라고 한다.

이 과정을 하루의 시간대에서 살펴보면 새벽에서 시작하여 오전과 정오에 해당한다. 사람이나 초목의 생명활동은 양기가 발현하는 새벽에서 출범하게 되고, 양기가 최고조에 이르는 정오가 되면 활동의 극치를 보이는 까닭이 그것이다. 지구 1년의 주기에서 보면 봄철과 여름철에 해당한다. 봄이 되면서 약동하는 생명의 기운을 받아 만물은 싹이 터서 자라나게 되고, 양기가 최고조에 이르는 여름이 되면 무성하게 분열 성장하게 되는 까닭이 그것이다. 우주 1년이라는 큰 주기의 틀에서 보아도 경우는 마찬가지다. 우주 년의 봄철에는 만유의 생명을 비롯하여 인류의 문명이 탄생하여 진화하게 되고, 여름철에는 분열의 극한에 이르기까지 장성하여 그 극치를 보이게 되는 것이다.

수렴 통일을 조율하는 10미토十未土

문제는 양의 수인 7에서 9에로의 전진이다. 오행의 원리에서 볼 때, 이는 화火의 기운이 금金의 기운으로 약진하는 도상을 보이고 있다. 그러나 양의 수인 7에서 9에로의 진입은 순조롭지 못하다. 왜냐하면 화의 기운은 금의 기운을 녹여버리기 때문이다[火克金]. 달리 표현하면 화의 기운은 목의 기운에서 발현이 될 수 있었지만, 금의 기운은 화의 기운에서 발현이 될 수 없다는 뜻이다.

화의 기운이 금의 기운으로의 전환은 어떻게 가능한가. 그것은 양의 수인 7이 완전한 중성생명의 음수陰數 10의 도움으로 양의 극한을 보이는 9에로 도약으로만이 가능하다.

음양의 기운을 조율하여 만유의 생명이 생장분열을 하도록 이끈 것은 양의 수 5토였지만, 양수 7화[七火]에서 양의 극한인 9금[九金]에로의 전환은 음의 수 10토가 이끈다. 10토의 기운은 십이지지의 도수로 볼 때 미未에서 이루어진다. 이를 10미토[十未土]

라 한다. 음수 10미토의 기운은 반으로는 화의 분열 기운을 잠재우고, 반으로는 분열된 양기를 끌어 모아 수렴통일의 힘으로 작용하여 7화는 9금으로 전환하게 되는 것이다. 이는 생장의 극점에 이른 만유의 생명이 수렴하는 모습이다.

이와 같이 10미토의 조율작용으로 말미암아 생명의 기운은 화의 기운에서 금의 기운으로 전환하게 되는데, 이는 만유의 생명이 염斂의 이법을 따르고 있음을 보여주게 된다. 이를 '금화교역金火交易'이라고 한다. 여기에서 만유의 생명은 생장분열의 질서가 종식되고 수렴통일의 질서로 극적인 전환을 맞이하게 된다. 염장의 새로운 질서를 여는 결정적인 힘은 미토未土에 있다는 얘기다.

미토의 조율로 말미암아 만유의 생명은 수렴하게 되는데, 이를 증산도의 우주론에서는 원시반본原始返本이라 한다. '원시반본'이란 무엇을 말하는가. 글자 그대로 말하면 '시원을 살펴서 근원으로 복귀한다'는 뜻이다. 달리 말하면 분열의 기운인 2·7 화火가 극점에서 4·9 금金으로의 전환은 본래의 자기 자신으로 응축하여 통일되어 나아가는 과정인데, 그 과정을 도수로는 순順의 변화과정[順度數]이라고 한다. 순의 과정이란 만유의 생명이 수렴통일의 질서로 들어간 후 새 생명의 출범을 위해 모든 활동을 폐장하고 휴식을 취하게 되는 기간으로 후천 음도의 시간대라고 부른다.

생명의 활동을 폐장하고 휴식기로 들어가게 되면, 거기에는 음의 중성생명인 5토가 작용한다. 이는 십이지에서 볼 때 술도戌土의 자리이다. 여기에서 만유의 생명은 수렴의 끝인 통일의 상태에 이르게 된다. 이는 다음의 새 생명을 출범하기 위한 준비기간이라 볼 수 있겠는데, 장藏의 이법으로 파악된다. 따라서 오행으로 볼 때, 화의 기운이 금의 기운으로, 금의 기운이 수의 기운으로의 이행은 만유의 생명이 염장의 이법을 따르고 있음을 알 수 있다.

개벽을 말해주는 염장의 질서

우주변화의 원리에서 볼 때 생장의 질서가 염장의 질서로의 전환은 새로움의 사태를 뜻하는 개벽開闢을 함의한다. 변화의 현상으로 볼 때, 하루에서 벌어지는 염장의 시간과정은 오후 미시未時에 시작하여 저녁과 자정까지를 말한다. 사람이나 초목의 생명활동은 음기가 출범하는 오후 미시로 접어들면서 하루의 활동을 마무리하는 단계에 이르고, 음기가 최고조에 이를 때까지 다음 날의 활동을 위해 휴식에 들어가는 까닭이 그것이다.

지구 1년의 주기에서 보면 염장의 과정은 미월未月로 시작하는 가을철과 해월亥月로 시작하는 겨울철에 해당한다. 여름의 극점에서 가을로 넘어가면 만유의 생명은 그 기운을 갈무리하여 씨앗을 맺게 되고, 생명의 기운이 근원으로 돌아가게 된다. 그 까닭은 양의 극점에서 음의 기운이 전면으로 나와 분열의 기운을 포장하여 씨앗으로 응축하게 되기 때문이다. 성숙한 생명을 결실하는 가을철이 그것이다. 그런 후 생명활동을 폐장하는 겨울이 되는 것이다.

지구 1년에서 봄이 되면 새로운 질서가 열려 온갖 초목이 싹이 터 자라나기 시작하고[춘생春生], 여름철에 무성하게 성장한다[장長]. 여름의 정점에 이르면 곧 가을의 새 질서로 전환하게 되는데, 이것이 지구에서의 가을개벽이다. 가을 개벽기에는 서릿발 기운이 들어오면서 성장의 기운은 근원으로 돌아가기[염斂] 결실하기 때문에, 초목의 무성했던 이파리가 낙엽이 되어버린다[추살秋殺]. 겨울이 되면 다음 봄의 새로운 탄생을 위해 모든 생명활동의 문을 닫아버리고 휴식으로 들어가게 되는 것이다[장藏].

중요한 것은 생장염장의 순환이법에서 볼 때, 지구 1년에서뿐만 아니라 우주 1년이라는 큰 주기의 틀에서 보아도 염장의 질서는 개벽을 보여준다는 것이다. 우주 1년에서도 화의 기운이 금의 기운으로 바뀌는 금화교역金火交易이 일어나기 때문이다. 금화교역이 일어날 때 지구 1년에서는 가을의 계절 개벽이 일어나지만, 우주 1년에서는 자연질서, 문명질서, 인간질서가 전면적으로 바뀌는 천지 대개벽이 일어난다. 이를 전무후무한 우주의 가을 대개벽, 혹은 후천개벽이라 부른다.

후천 가을개벽은 우주 전체가 생장분열을 끝매듭 짓고, 가을의 성숙한 생명 문화로 거듭나게 됨을 의미하기 때문에, 만유의 생명이 전면적인 파국과 새로움의 창출을 맞이하게 됨을 함축한다. 이에 대해서 우주의 주재자 증산상제는 "천지의 대덕大德이라도 춘생추살春生秋殺의 은위恩威로써 이루어지느니라."(『도전』8:62:3)고 하였다.

3. 십간十干의 도수로 보는 후천개벽

먼저 「하도」의 오행 원리에서 볼 때, 생장분열을 상징하는 화火의 기운이 수렴을 상징하는 금金으로의 전환은 불가하다. 그것은 원칙적으로 금의 기운이 화의 기운을 이기지 못하기 때문이다[火克金]. 그래서 화의 강력한 양 기운을 잠재우고 금의 기운으로 나아갈 수 있도록 하는 중재자, 음의 중성생명의 10토 기운이 있어야 한다. 화에서 금에로의 전환은 전적으로 이를 전제로 해서만 가능하다는 얘기다.

음의 10토기운의 조력을 받은 만유의 생명은 새로운 변화질서[화의 기운에서 금의 기운으로]로 전환됨을 뜻하기 때문에[金火交易], 현실적으로 가을개벽이 일어나는 것이다. 이 과정이 하늘의 운이라 불리는 천간天干의 도수에서는 어떻게 인지될 수 있는가를 보자.

선천은 갑기운甲己運, 후천은 기갑운己甲運

천간의 도수에서 볼 때, 우주자연이 생장하도록 하는 전반기의 운運은 '갑甲運'이 주류를 이루고, '갑운'이 다하게 되면 곧 '기운己運'이 이를 계승하게 된다. 이를 선천의 '갑기운甲己運'이라 한다.

'갑기운'이 끝남과 동시에 우주자연은 전적으로 다른 새로운 운으로 들어서게 되는데, 후천의 운이다. 후천의 운은 '기운'에서 시작하여 다시 '갑운'에 이르기까지의 사이를 말한다. 우주자연이 염장하도록 하는 후반기의 운은 바로 '기운'이 주류를 이루게 된다. 이를 후천의 '기갑운己甲運'이라 한다. 이와 같이 '기운'이 다하면 다시 '갑운'이 계승하기 때문에 우주자연의 운은 순환하게 되는 것이다.

선천은 '갑기운'의 운행과정이고, 후천은 '기갑운'의 운행과정이다. '갑운'에서 '기운'으로의 전환, 이것은 선천 운에서 후천 운에로의 전환이고, 곧 선천의 화에서 후천의 금으로의 변화를 뜻하기 때문에, 우주자연은 후천의 가을개벽의 질서로 전환되는 것이다. 이는 어떻게 가능한가. 우리는 그것을 오행원리와 천간을 결합한 도식을 보면 알 수 있을 것이다.

10간十干의 배열을 볼 때, '무戊'와 '기己' 자리는 5토와 10토를 이루고 있다. 여기에서 '무'는 5토이며, '기'는 10토이다. '기토己土' 이전까지 갑을병정甲乙丙丁은 우주자연의 생장과정을 가리킨다. 그러나 '기토'에 이르면, 경신임계庚辛壬癸를 거치는 동안 우주자연은 전적으로 수렴하여 성숙하게 되고, 결국 감위수坎爲水로 귀결되는 것이다. 이것이 '1수一水'이며, '수토水土'이다. 이 과정에서 '기토'는 점점 변질되어서 '갑토'에 이르게 된다. '갑'은 '기'에서 보면 '기'의 종점이고, '기'는 '갑'에서 보면 '갑'의 종점이 되는 까닭이다. '기'의 종점이 바로 '갑토'가 되는 것이다.

'갑기토'는 선천의 주재기운

먼저 천간에서 '갑기토'의 운행과정을 보자. '갑토운'의 목적은 감수坎水 속에 내장되어 있는 일양一陽을 이끌어 내어서 7화七火가 될 때까지 음양을 조율하여 만유의 생명을 발전시키는데 있다. 다시 말해서 생명의 씨앗에서 생장을 이루기 위해서는 '갑토'가 머리가 되어 일양을 탈출시켜야 한다. 그러나 '갑토' 자체만으로는 힘이 부친다. 그래서 '기토'의 원조를 받아야 한다. 십이지로 말하면 '미토'의 힘을 받을 수밖에 없다.

'기토'는 완전 음수 10의 성질을 보유하고 있다. 여기에서 10의 성질인 '기토'는 반은 목 기운에, 반은 토 기운에 분할하여 화합

化合하게 되기 때문에, '갑토'는 현실적으로 5토일 수밖에 없게 되는 것이다. 이와 같이 '갑토'는 '기토'와 대화작용對化作用하면서 음양의 승부작용을 조절하여 만유의 생명을 생장분열을 조율하는 과정으로 돌입하게 하고, 분열의 극치인 '정화丁火'의 단계에 이르게 한다. 십이지로 말하면 '오午'의 자리에까지 이끄는 운이다.

'정화'의 단계에 이르게 되면 '정丁'은 '양'의 산실을 방지하기 위해 '임수壬水'의 대화작용을 얻게 된다. 이를 통해 정화의 반은 '화'로, 반은 '목'의 형상을 만드는 것에 참여하여 '기토'를 준비하는 과정으로 들어간다. 이 과정의 중심에 '무운戊運'이 들어오게 되는데, '무운'은 본질적으로 토이다. 하지만 아직 '정화'의 '화'가 섞여 있어서 일면으로는 '토'이고 일면으로는 '화'의 양면을 가지고 있는 '무화운戊火運'이다.

'무화운'은 본래 '무토戊土'이기 때문에 양陽의 산실을 막을 수 있지만, 형形을 이루기에는 아직 어렵다. 그래서 "자연은 계수癸水의 대화작용對化作用을 받아서 무토戊土로 하여금 반은 토土요, 반은 수水인 성질을 만드는 것이니 이것이 바로 무화운戊火運이다. 그런즉 무화戊火란 것은 수토동덕水土同德한 화火이므로 양陽이 산실될 염려가 더욱 적은 존재다."[106] 수토동덕은 지지地支에서

---

106) 韓東錫,『宇宙變化의 原理』, 130쪽 참조.

볼 때 만유생명의 창조의 본체가 되는 '술오공戌五空'의 자리이다.

따라서 '갑토운'에서 '무화운'에 이르기까지 '갑토운'은 선천 운수의 머리가 되어 주재하기 때문에, '갑토'는 진정한 의미의 오황극五皇極이라 볼 수 있다.

'기갑토'는 후천의 주재기운

다음으로 천간에서 '기갑토'의 운행과정을 보자. 후천의 운이라는 것은 '갑토운'이 자신을 소모하면서 '기토운'으로 교체되어 운행하게 되는 것이다. '기토'는 10토이고, 그 성질은 음중陰中이며, 지지로 보면 10미토이다. 음중의 최상은 무無이다. 최수운이 "무극의 운수[無極之運]"를 말한 원리적인 까닭은 이를 두고 하는 말이다. 이러한 무극의 운이 작용하는 궁극 목적은 바로 신명神明을 창조하여 만유의 생명을 통일하는 데 있다.

천간에서 보면 '기토'는 기운의 반을 목에, 나머지 반을 토에 분할하기 때문에, 실제로 '갑목'과 대화작용을 하는 것으로 보인다. 그것은 오히려 갑목을 귀숙歸宿하게 하여 여물게 하는 것, 즉 생명의 정신을 수렴하여 신명을 창조하고, 형상을 이루어 결실을 맺게 하는 것이다. 이는 현실적으로 보면 후천 개벽이라 볼 수 있다. 이런 과정을 통해서 '기토'는 암암리에 다음 창조변화를 위한 태극의 음양 운동을 준비하는 것이다.

요약해 보자면, "운運의 동정은 이와 같이 갑甲에서 동動하고 기己에서 정靜하는 본원本源을 조성하면서 우주운동을 영위하는 바, 이것이 토土의 중中을 머리로 하는 것이기 때문에 모순대립을 자율적으로 조화하면서 갑甲에서 발전하고 기己에서 수장收藏하는 작용을 반복하는 것이다. 그러므로 기갑己甲이 변토變土하는 과정에 있어서 갑기화토甲己化土의 때와 같이 경신임계庚辛壬癸의 파동을 일으키면서 다시 갑토甲土에 계승하는 것이니 이것을 후천운동이라고 한다."[107]

따라서 천간으로 볼 때 후천운동은 '기토'를 머리로 하여 출범하여 결실과 새로운 창조를 준비하는 과정이기 때문에, '기토'는 진정한 의미의 무극無極이라 볼 수 있다. 동학에서 "무극지운 닭친줄은 너희어찌 알까보나"라든가, 후천 개벽기에 "무극대도의 출현"이라는 당위성은 이를 근거로 하여 이해될 수 있을 것이다.

4. 삼극의 원리로 보는 후천개벽

우주 삼라만상의 모든 것들이 생장염장이라는 순환적인 과정으로 창조 변화하게 되는 것은 분명한 사실이다. 이러한 현실적인 순환적 구조는 삼극론으로도 파악될 수 있다. 다시 말해서 지구 1년에서와 마찬가지로 우주 1년에서도 봄 여름철의 생장의

---

107) 韓東錫, 『宇宙變化의 原理』, 132쪽.

질서가 가을철의 수렴 통일의 질서로 대 전환할 수밖에 없다는 논리는 삼극론에서도 확인할 수 있게 된다는 얘기다. 이는 어떻게 가능한가.

앞서 밝혔듯이 삼극의 관계를 상기해 보자. 공간성의 차원에서 본다면, 무극은 천지조화의 본원으로서의 전체적인 바탕자리이자 자기 전개의 결과인 성숙을 나타내고 있다. 태극은 천지 만물이 전개되어 나타날 창조의 모체母體가 되며, 그 모습은 음양陰陽 기운의 대립적인 두 힘의 작용으로 정의된다. 황극은 중성생명의 매개자로서 태극의 음양 기운을 조율하며, 천지 만물을 생장분열의 과정으로 이끌어 무극으로 넘기는 주재 원리가 된다.

시간성의 차원에서 본다면, 무극의 '열림'이 태극이요, 태극은 바로 천天·지地의 '열림'으로 음양 작용의 시작이다. 황극은 음양으로 작용하는 태극을 조화롭게 조율하여 무극에로 돌려주는 것인데, 이는 양의 기운을 이끌어내어 전개시켰다가 반대로 그 세력을 꺾어 음의 기운을 끌어내어 무극의 경계로 되돌리는 것이라고 본다.

무극, 태극, 황극의 원리에 대한 관계를 음양의 역동적인 과정으로 말해보자. 하루 전체는 원 바탕으로 무극이요, 무극이 구체적으로 전개되는 낮과 밤의 음양 작용은 태극이다. 무극은 우주조화의 근원 정신이지만, 태극은 무극이 열려 질서화 되는 모습이기 때문에, 우주만물은 태극의 음양 운동을 통해 현실적인 창조 변화로 현현되는 것이다. 여기에서 황극은 태극의 대립적인 음양 기운을 단계별로 조율하여 생장분열의 운동을 지속하게 하는 중추적인 역할을 한다.

삼극으로 순환하는 원리에서 우리는 가을 대개벽의 이치를 어떻게 구분해볼 수 있는가. 이를 파악하기 위해서는 상수象數론을 배합하여 분석해보는 것도 좋을 것이다.

10무극, 1태극, 5황극

삼극론에 상수를 어떻게 배합하여 규정해볼 수 있는가. 상수 10은 완전수로 우주자연의 조화정신이고, 상수 1은 창조변화의 시작이며, 상수 5는 중성의 조율자이다. 여기에서 상수 10과 무극을, 상수 1과 태극을, 상수 5와 황극을 배합하여 10무극, 1태극, 5황극으로 처음 제시한 분은 동방 한민족의 철학자 일부一夫 김항金恒 선생이다.

10무극, 1태극, 5황극을 말한 문헌적 근거는 일부의 저서 『정역』에서 찾아볼 수 있을 것이다. 이에 대해서 윤종빈 선생은 "「십일일언十一一言」은 『정역』의 하경제목이다. 여기서 '십十'은 역수원리의 기본바탕을 의미하는 도서상수이다. 역도의 기본 바탕은 하늘에 있는데, 「삼극원리三極原理」로써 규정하면 십무극十無極이다. 그리고 '일一'은 하도낙서가 합덕된 일원백도수 가운데에서 낙서 원역태음原曆太陰의 역성정령도수逆成政令度數이다."[108]라고 말한다.

여기에서 '일원백도수'란 무엇을 말하는가. 이는「하도」의 상수를 합한 55수와「낙서」의 상수를 합한 45를 합한 것을 일컫는다. '일원'은 수로 말하면 100이라는 뜻이다. '원역태음'이란 성인 여성의 모체母體를 상징한다.

또한 '역성정령도수'란 무엇을 뜻하는가. 이는『정역』의 "도생역성倒生逆成"에서 나온 말이다.「하도」는 거꾸로 생겨나서 거슬려 이루는 형국을 나타낸다. 이를 '도생역성倒生逆成'이라고 한다.

'도생역성'의 운동은 만유의 생명이 통일에서 분열을 지향해감을 말해준다. 이는, 상수 논리에서 본다면, 완전한 통일을 나타내는 수 10에서 1로 향함을 말해준다. 반면에「낙서」는 거슬려 생겨나서 거꾸로 이루는 형국을 나타낸다. 이를 '역생도성逆生倒成'이라고 한다. '역생도성'의 운동은 분열을 나타내는 수 1에서 10으로 향함을 말해준다.

'도생역성'과 '역생도성'의 논리에서 본다면, 우주자연의 창조정신인 "하늘은 십十에서 일一을 향해(도생倒生=순생順生작용) 작용하고, 땅은 일一에서 시작하여 십十을 향해 작용한다. 따라서 하

---

108) 윤종빈,『正易과 周易』, 113쪽.

늘과 땅의 작용이 만나는 위치가 '오五'자리다."[109]고 말하게 되는 것이다. 이것이 10무극, 1태극, 5황극의 개념이 나오게 되는 배경이다.

이를 뒷받침하여 설명해줄 수 있는 이론적 근거는 없을까.『정역』의 상경이라 불리는 「십오일언十五一言」을 잠깐 들여다보자. "(열 손가락 중 무지拇指를) 들어 보면 곧 무극이니 10이다. (10을 굽히면) 10은 (拇指인 1을 굽히면) 곧 태극이니 1이다. 1은 10이 없으면 그 체가 없음이요, 10은 1이 없으면 그 용用이 없으니, 체와 용을 합하면 (중앙에 위치하는) 토土로서, 그 중中(하도의 중앙)에 위치함으로 5이니 황극이다."[110] 여기에서 10무극과 1태극은 분명히 체용의 관계이고, 양자를 통합하여 조율하는 것이 중앙의 5황극으로 집약되고 있음을 알 수 있다.

황극은 선천의 중심축, 무극은 후천의 중심축

창조변화의 근원적인 바탕은 아무런 규정도 없는 공空과 같은 의미의 '0무극'이지만, 완전한 조화정신은 10무극이다. 10무극은 삼극론에 한정해서 볼 때 본원이 된다. 그 작용은 창조변화의 출

---

109) 윤종빈,『正易과 周易』, 111쪽.
110) "擧便无極十 十便是太極一 一无十无體 十无一无用 合土居中 五皇極." (「십오일언十五一言」) : 양재학,「무극대도 출현의 당위성」,『甑山道思想』(창간호), 207쪽.

범이 되는 1태극이다. 5황극은 토화작용土化作用으로 말미암아 태극(음양의 작용)을 조율하여 우주만유를 생장으로 이끌어 가고, 그 정점에서 성숙을 의미하는 10무극으로 넘긴다. 여기로부터 우리는 우주자연의 생장분열을 이끌어가는 선천의 중심축은 5황극이요, 수렴통일을 관장하는 후천의 중심축은 10무극이라고 말할 수 있을 것이다.

우리는 어떤 근거에서 이렇게 주장할 수 있을까. 이를 원리적으로 입증할 수 있는 방안은 무엇인가. 그것은 하늘에서 드리우는 오운五運을 배합하여 이해하는 길이다. 「하도」를 기반으로 하는 오행을 볼 때, 오운의 무기戊己는 중앙 토의 자리에 위치하기 때문에 중성의 조화정신이라 볼 수 있다. 여기에서 '무戊'는 5토에, '기己'는 10토에 배합해 보면, '무'와 '기' 자리가 선후천 변화의 중심축이 됨을 알 수 있다. 이에 대해 양재학 선생은 "'무戊'자리는 5황극이면서 10무극이며, '기己' 자리는 10무극이면서 1태극이다.(十一言) 여기서 '戊'자리의 황극은 선천의 중심축이요, '己'자리의 무극은 후천의 중심축이다."[111]라고 말한다.

5황극은 선천의 중심축이고, 10무극은 후천의 중심축이 됨을 알 수 있는 방법이 또 하나 있다. 그것은 「하도」에서 제시된 상수의 이치를 바탕으로 해서 일부 선생님이 처음으로 창안한 '수지

---

111) 양재학, 「무극대도 출현의 당위성」, 『甑山道思想』(창간호), 212쪽.

도수手指度數'로 파악하는 길이다.

'수지도수'는 손을 쥐었다가 폄을 수단으로 하여 간지도수干支度數를 파악하는 방법이다. 손가락을 하나씩 구부렸다가 모두 펴면 '10'이 된다. '10'은 성숙의 완전수이다. 이는 우주조화의 성숙한 정신으로 하늘을 상징하는 10무극을 나타낸다. 반면에 마지막에 폈던 엄지손가락[무지拇指]를 굽히게 되면 다시 새로운 시작을 의미하는 '1'이 된다. 우주만유가 땅에서 창조변화의 시작을 상징하는 1태극을 나타낸다. 그리고 1과 10의 중앙은 선천을 주재하여 마무리하고 후천을 새롭게 잡아 돌리는 중심축이 되는 5황극이 되는 셈이다. 이를 우리는 어떻게 설명해볼 수 있을까.

'수지도수'를 관찰해볼 때, 손가락을 '구부렸다가 펴는 모습'에서 우리는 선천의 5황극이 왜 후천의 10무극으로 전환되는가를 알 수 있다. 손가락을 구부리는 모습은 선천을 상징하고, 펴는 모습은 후천을 상징한다고 볼 수 있겠는데, 구부림의 끝이 다섯 번째[소지小指]이고, 손가락을 펼 때 첫 번째가 또한 소지가 된다. 즉 소지를 굽힐 때는 5가 되고, 펼 때는 6이 된다. 이는 황극을 지칭하는 중심 수가 5와 6이라는 얘기가 되는데, 이를 일부 선생은 "포오함육包五舍六"이라 했다.

일부 선생님이 제시한 '포오함육'의 의미를 우리는 어떻게 파악하는 것이 좋을까. "'포오함육'은 도생의 차례에 있어서 소지小指를 펴면(伸) 6을 상징하는데, 그 속에는 이미 5를 포함하고 있다. 이것이 바로 후천 황극의 형상으로 '황극이 무극皇極而無極'의 논리이다."[112] 다시 말하면 '수지도수'에서 5는 선천의 창조변화를 상수로 나타낸 「낙서」에서 1과 9의 중中으로 태극을 다 자라도록 한 것이지만, 후천의 시작인 6은 다 자란 태극을 무극으로 환원시키는 역할을 하게 된다. 태극에서 무극으로의 전환, 이것이 후천이다. 따라서 후천의 곤도시대에서 내면으로 보면 수렴통일로 조율해 가는 것은 6이지만, 외면으로 보면 10무극이다. 이런 의미에서 '황극이무극皇極而無極'라는 주장이 나오는 것이다.

황극에서 무극으로의 전환은 후천개벽

삼극의 원리에서 제시된 황극에서 무극으로의 전환은, 우주 순환의 원리에서 볼 때, 후천 가을 대개벽을 뜻한다. 이는 5토 기운을 가진 황극이 10토 기운을 가진 무극으로의 대 전환이기도 하다.

앞서 밝혔듯이, 후천 가을개벽은 오행의 원리에서 보면 '금화교역金火交易'으로 여름의 화火 기운에서 가을의 금金 기운으로의 전환이다. 천간으로 말하면 무토戊土와 기토己土의 조율 작용으로

112) 양재학, 「무극대도 출현의 당위성」, 『甑山道思想』(창간호), 211쪽.

말미암아 정화丁火에서 경금庚金으로의 전환이 그것이다. 이를 '수지상수'로 표현해보면, 아홉 번째와 두 번째의 식지食指를 가리키는데, 식지는 간지도수로 금화교역이 이루어지고 있음을 상징하고 있다.

선천에서 후천으로의 전환은 10무극의 대운이 들어오는 가을 개벽의 소식을 말해주고 있다. 그것은 천지우주가 성공하는 무극의 대운大運을 맞이하기 때문이다. 천지 대운은 가을 대 개벽으로 열리는 무극지운無極之運을 말한다. 무극의 가을운수가 도래함을 동학東學의 교조 수운水雲 최제우는 『용담유사』에서 "어화세상 사람들아 무극지운無極之運 닥친 줄을 너희 어찌 알까 보냐."(「용담가」)라고 말했다.

가을 개벽은 왜 무극의 대 운수인가. 결정적인 이유는 선천先天 생장 분열의 기운을 황극이 주재하고, 황극의 끝점에서 후천後天의 성숙과 대통일 이라는 무극의 운수가 동動하기 때문이다. 무극의 운수란 우주의 가을 시간대, 후천 개벽의 새로운 시간대, 즉 새로운 우주, 새 하늘, 새 세상이 펼쳐짐을 일컫고 있으며, 다가올 오만 년의 무극대도無極大道가 실현됨을 의미한다.

무극대도가 실현되는 가을 대 개벽에는 우주만유의 생명이 결실을 맺는 때다. 인간과 자연의 생명도 결실을 맺고, 인류의 문명 또한 결실을 맺는다. 이에 대해서 증산상제는 "천지대운이 이

제야 큰 가을의 때를 맞이하였느니라."(『도전』7:38:4), "이 때는 천지 성공 시대라. 서신西神이 명命을 맡아 만유를 지배하여 뭇 이치를 모아 크게 이루나니 이른바 개벽이라. 만물이 가을바람에 혹 말라서 떨어지기도 하고 혹 성숙하기도 함과 같이, 참된 자는 큰 열매를 맺어 그 수壽가 길이 창성할 것이요, 거짓된 자는 말라 떨어져 길이 멸망할지라."(『도전』4:21:1-5)고 하였다.

그러므로 필자는 믿는다. 우리가 우주순환의 원리를 심도 있게 깨우친다면, 이로부터 우리는 넓게는 우주적 존재로서 좁게는 한 시대를 살아가는 역사적인 인간으로서 삶의 가치관과 세계관의 정립을 수립할 수 있을 것이며, 또한 삶의 과정 속에서 다양하게 일어나는 제반 양식들을 이해하고 설명할 보다 명백한 형이상학적 근거를 마련할 수 있을 것이다. 이는 인류 모두가 앞으로의 삶을 살아갈 이정표를 선명하게 그을 수 있는 사료를 독자에게 제공할 것이다.

V. 나오는 말

우주자연에서 존재하는 것은 무엇이든 간에 탄생[生]하여 분열
성장[長]을 하고, 그 결과로서 매듭을 짓기 위해 수렴[斂]하여 다
음의 탄생을 위해 폐장[藏]으로 돌아간다. 즉 만유의 생명은 생生
· 장長 · 염斂 · 장藏의 순환과정으로 진행되는 것이다.

이 과정은 풀과 나무[草木]의 경우에서 보듯이, 자연현상을 관
찰해 보면 추론하여 알 수 있는 진리이다. 봄에 씨앗을 심으면 싹
이 터서 자라나고[生], 여름에 무성하게 자라서 꽃을 피우며[長],
가을이 되면 자신을 닮은 씨앗을 맺고 낙엽이 되며[斂], 겨울이
되면 남은 씨앗은 다음 해의 새로운 탄생을 준비하기 위해 휴식
하게 되는 것이다[藏].

사람의 생명도 예외는 아니다. 현상을 관찰하여 보면, 인간은
각기 태어나서[生] 살아가다가[長] 다음의 후대를 위해 결실로 마
무리를 준비하면서[斂] 언젠가는 죽게 마련[藏]이라는 얘기다. 생
장염장의 이러한 순환 과정은 하찮은 미물에서부터 시작하여
거대한 천체의 운행에 이르기까지, 자연사自然史는 물론이고 세계
사世界史의 진행 과정이나 문명사文明史의 전개 과정도 이 법칙을

벗어날 수 없는 것이다,

따라서 우주자연에 존재하는 모든 것들은 생장염장의 순환이
법에 따라 진행된다. 유형有形적인 세계나 무형無形적인 세계, 미
시微視세계에나 거시巨視세계 할 것 없이 전적으로 적용되는 생
장염장의 순환원리는 우주 자체의 조화성의 원리에 의해서 그렇
게 돌아가도록 설계된 대도大道의 이치이다. 이러한 대도의 이치
는 유한적인 인간의 상식적인 정신세계로는 감히 접근할 수 없는
절대 경계의 조화 세계이기도 하다.

우주자연이 생장염장으로 순환하는 하는 대도의 근본 이치는
무엇으로 규정할 수 있는가. 이 물음에 대한 탐구는 우주자연에
대한 존재론적 구명으로 말할 수 있다. 본 논고에서 필자는 대도
의 이치를 논리적으로 무극無極, 태극太極, 황극皇極이라는 삼극
三極으로 분석해 논의해 보았다. 이는 우주자연의 존재론적 근거
가 삼극임을 함축한다.

삼극은 각기 따로 존재하는 것이 아니라 동일한 존재의 세 측
면이라고 말할 수 있을 것이다. 말하자면 천지 만물들이 생장염
장이라는 순환적 과정으로 다양하게 변화하고 있음을 설명하기
위해 형이상학적 근거를 추적하여 밝혀보니까 근원적 바탕자리
로서의 무극이 필연적으로 있어야 했고, 무극의 '열림' 즉 실질적
인 사물들의 발생론적(창조적) 근원으로서의 태극을 놓아야 했으

며, 그리고 무극이 내놓은 태극을 키우면서 조율하고 주재하여 성숙에로 이끈 다음 다시 무극에로 넘겨주는 황극을 전제해야 했다.

무극은 우주의 근원적 바탕으로서 '무전제無前提의 전제前提', '전포괄적全包括的 존재存在'로 분석하여 논의되었고, 태극은 음陰·양陽이라는 두 대립적인 기운氣運으로서 작용하여 우주만물의 창조 변화를 어떻게 일으키는 가에 대한 이치理致로 분석되었다. 반면에 황극은 무극의 '열림'인 태극이 작용할 때 음양의 두 대립적인 기운을 조율하여 현실적인 사물들이 조화와 결실을 맺도록 이끄는 주재적主宰的인 원리로 분석되었다.

삼극론은 증산도甑山道에서 학문의 체계성을 확보하기 위한 노력의 일환으로 시도되었다. 이러한 분석은 물론 실제적이 아니라 형이상학적인 것이기 때문에 현실적인 우주만물이 생장염장이라는 순환적 과정으로 '왜' 진행되어야 하는가에 대한 논리적 근거를 마련하기 위함이라 볼 수 있다.

이런 문제와 관련된, 그래서 앞으로 심도 있게 논의되어야 할 몇 가지 중요한 문제들을 지적하면서 필자는 논고를 마치려 한다.

첫째, 생장염장의 순환이법과 삼극론에 관한 이러한 분석은 물론 증산도 진리에서 말하는 방대한 전체적인 체계, 즉 우주자연이 "이리理—신神—사事"의 논리로 전개된다고 할 때, 이법적 진리를 밝히는 것이다. 여기에는 해명되어야할 많은 난관이 도사리고 있을 것이다. 그 하나는 우주의 삼라만상이 이법의 틀에서 그렇게 되어가고 있는데[無爲以化], 이 모든 과정에 신이 개입할 이유는 무엇이라고 규정할 수 있을까.

둘째, 신도神道 차원에서 전개되는 신명神明과 우주자연의 질서를 새롭게 바꾸는 천지공사天地公事와의 관계이다. 증산상제는 "천지간에 가득 찬 것이 신神이니 … 신이 없는 곳이 없고, 신이 하지 않는 일이 없느니라."(『도전』4:62:4-6), "신도神道는 지공무사至公無事하니라. 신도로써 만사와 만물을 다스리면 신묘神妙한 공을 이루나니 이것이 곧 무위이화니라."(『도전』4:57:3-4)고 말한다. 여기에 바로 증산상제가 신축년辛丑年 겨울 객망리 본댁에서 천지대신문天地大神門을 열고 신명神明들을 불러 천지공사天地公事를 행한 직접적인 까닭이 있다. 바로 여기에서 생장염장으로 순환하는 우주자연의 이법과 신명神明들을 동원하여 천지공사를 집행한 것을 어떻게 조화시켜야 하는가.

셋째, 증산상제는 "선천에는 모사謀事는 재인在人이요 성자는 재천在天이라 하였으나 이제는 모사는 재천이요 성사는 재인이니라."(『도전』4:5:4-5)고 선언한다. 이는 천지공사의 이념이 역사적으로 인사화人事化 된다는 뜻을 함의하고 있는데, 여기에 문제가 있다. 앞서 우주만유가 생장염장의 순환이법에 준해서 신명이 개입하여 현실화된다고 했다. 그렇다면 "성사는 재인"이라고 한 뜻은 무엇인가. 무위이화로 진행되는 우주사 또한 이를 실현하는 주체가 인간이란 말일까.

넷째, 증산상제는 "천지 만물이 일심에서 비롯하고 일심에서 마치느니라[天地萬物 始於一心 終於一心]. 일심이 없으면 우주도 없느니라. 일심으로 믿는 자라야 새 생명을 얻으리라. 너희들은 오직 일심을 가지라. 일심으로 정성을 다하면 오만년의 운수를 받으리라."(『도전』2:91:1-6)고 했다. 여기서의 "일심一心"은 우주사를 실현하는 무극대도無極大道의 원주인, 즉 상제님의 일심이요 곧 천지일심이라고 말할 수 있을 것이다. 문제는 성인의 마음이 도심이요, 곧 천심[천심즉도심天心卽道心]이라는 데에 있다. 성인의 마음은 우주정신으로서 천지 마음의 일심과는 어떤 관계인가.

이런 일련의 물음들에 내포되어 많은 난관들이 해명되어야할 것이다. 이러한 난제들은 증산도 진리를 일관성이 있게 체계화하고 이해하기 위해서 앞으로 충분히 논의되고 탐구되어야 할 과제로 남는다.

| 참고문헌 |

● 경전류

▸甑山道『道典』   ▸『桓檀古記』

▸『周易』   ▸『正易』

▸『道德經』   ▸『書經』

▸『大學』   ▸『中庸』

▸『列子』   ▸『東經大全』

▸『용담유사』   ▸『六經圖』

▸『天符經』   ▸『性理大全』

● 주요 연구서

▸郭齊·尹波 點校. 1997,『朱喜集』五卷, 中華民國 : 四川敎育出版社

▸김상일. 1993,『화이트헤드와 동양철학』, 서울 ; 서광사

▸金學主 譯解. 1991,『列子』, 서울 : 名文堂

▸문창옥. 1999,『화이트헤드 과정철학의 이해』, 서울 : 통나무

▸박재주. 1999,『주역의 생성논리와 과정철학』, 서울 : 도서출판 청계

▸成百曉 譯註. 1998,『書經集傳』下, 서울 : 傳統文化硏究會(東洋古典譯叢書 7)

▸『性理大全』全(一). 1989, 孔子文化大全編輯部編輯, 中國 : 山東友誼書社出版

▸成百曉 譯註. 1999,『大學 · 中庸集注』, 서울 : 傳統文化硏究會

▸邵康節,『皇極經世書』

▸安耕田. 1983,『이것이 개벽이다』, 上권, 서울 : 대원출판
▸安耕田. 1983,『이것이 개벽이다』, 下권, 서울 : 대원출판
▸안경전. 2010.『생존의 비밀』, 대전 : 상생출판
▸安耕田 譯註. 2012,『환단고기桓檀古記』, 대전 : 상생출판
▸안동림 역주. 1998,『莊子』, 서울 : 현암사
▸安原田. 1988,『東洋學 이렇게 한다』, 서울 : 대원출판사
▸오강남 풀이. 1999,『道德經』, 서울 : 현암사
▸오하마 아키라, 이형성 옮김. 1999,『범주로 보는 주자학』, 서울 : 예문서원
▸윤종빈. 2009,『正易과 周易』, 대전 : 상생출판
▸윤해석. 2000,『천부경의 수수께끼』, 서울 : 도서출판 창해
▸李正浩. 1994,『正易과 一夫』, 서울 : 亞細亞文化社
▸李正浩. 1992,『第三의 易學』, 서울 : 亞細亞文化史
▸河相易,『正易圖書』, 서울 : 普明社, 明治四十五年
▸허탁·이요성 역주. 1998,『朱子語類』1, 서울 : 청계
▸韓東錫. 2001,『宇宙變化의 原理』, 서울 : 대원출판
▸Davies. Paul. God and New Physics, 유시화 옮김. 1998,『현대 물리학이 발견한 창조주』, 서울 : 정신세계사
▸Whitehead. A. N. Process and Reality, 오영환 옮김. 1997,『과정과 실재』, 서울 : 민음사

● 一般 研究書

▸金容沃. 1997,『氣哲學散調』, 서울 : 통나무
▸勞思光 지음, 鄭仁在 옮김. 1987,『中國哲學史』,「宋明篇」, 서울 : 탐구당

▸裵秉哲 譯. 1999,『黃帝內經』(素問), 서울 : 成輔社

▸문계석외 공저. 1997,『철학의 길잡이』, 대전 : 도서출판 보성

▸문계석. 1998,『서양의 중세철학』, 대전 : 도서출판 이화

▸문계석. 2005.『생명과 문화의 뿌리 三神』, 대전 : 상생출판

▸문계석. 2013.『시천주와 다시개벽』, 대전 : 상생출판

▸이정우. 2000.『접힘과 펼쳐짐』, 서울 : 기획출판 거름

▸임채우 옮김. 1998,『주역 왕필주』, 서울 : 도서출판 길

▸임채우 옮김(원전 총서 老子王弼注). 1998,『왕필의 노자』, 서울 : 도서출판 예문서원

▸전창선, 어윤형 지음. 1994.『음양이란 뭐지』, 서울 : 도서출판 세기

▸『栗谷全書』, 10

▸『周敦頤僎』

▸『증산 상제님의 가르침』. 1997, 증산도 도전 편찬 위원회 편, 증산도 번역위원회 역, 서울 ; 대원출판사(道紀 127)

▸『退溪全書』, 16

▸『漢文大系』三卷,「毛詩 尙書」, 日本 : 富山房, 昭和 五十九年

▸『花潭及門諸賢集』2. 1985, 서울 : 여강출판사

▸Aristoteles. 1960, On the Heavens, with an English translation by W. K. C. Guthrie, London : Harvard Uni., Press

▸Aristoteles. 1970, Physics, II, trans., by Philip H. Wicksteed and Francis M. Conford, London : Harvard Uni., Press

▸Aristoteles. 1975, Metaphysics, II, trans., and commen., by W. D. Ross, Oxford : Clarendon Press

▸Burnet. John. 1957, Early Greek Philosophy, New York : The Meridian Library

▸Jantsch. Erich. 1993, The Self – Organizing Universe, 홍동선 옮김, 『자기 조직하는 우주』, 서울 : 범양 출판부

● 참고 논문

▸문계석. 1995, "아리스토텔레스에서 실체와 형상", 동국대학 박사학위 논문
▸양재학, 2000. "무극대도 출현의 당위성", 『甑山道思想』(창간호), 서울 : 대원출판
▸柳正東. 1996, "程 · 朱의 太極論", 『東洋 哲學의 本體論과 人性論』, 韓國 東洋哲學會 編, 서울 : 延世大學敎 出版部
▸柳仁熙. 1996, "老·莊의 本體論", 『東洋 哲學의 本體論과 人性論』, 韓國 東洋哲學會 編, 서울 : 延世大學敎 出版部
▸韓鍾萬. 1996, "中國佛敎의 本體論", 『東洋 哲學의 本體論과 人性論』, 韓國 東洋哲學會 編, 서울 : 延世大學校 出判部

| 찾아보기 |